이 책을
늘 사랑하는 아내 수경과 세 자녀 주은, 준호, 하은
그리고 영원한 벗 재학이와
존경하는 하용조 목사님께
바칩니다.

나
를
이 · 끄 · 시 · 는
하
나
님
의
손

지은이 | 박관태
초판 발행 | 2011년 9월 22일
12쇄 발행 | 2021. 2. 16.
등록번호 | 제3-203호
등록된 곳 | 서울특별시 용산구 서빙고동 95번지
발행처 | 사단법인 두란노서원
영업부 | 2078-3333 FAX 080-749-3705
출판부 | 2078-3477

책 값은 뒤표지에 있습니다.
ISBN 978-89-531-1647-4 03230

편집부에서 독자의 의견을 기다립니다.
tpress@duranno.com   http://www.Duranno.com

나를
이·끄·시·는
하나님의
손

박관태 지음

두란노

Prologue ...8
행복하고, 영화롭고, 즐거운 하나님과의 동행

Part 1.
부르심.
빼앗기지 않을 한 가지만 붙잡고 가라

몽골에서 유명한 '파김치' ... 13
겁도 없이 부르짖다, '주여 나를 보내소서!' ... 21
로제타 홀을 기억하며 ... 28
좌절, 제한이의 투병 ... 34
내 몫까지 부탁한다 ... 39
마르다에서 마리아로 ... 46
외과의사이기를 포기하겠습니다! ... 54

Part 2.
가슴 뛰는 인생.
내 인생 최고의 시간을 하나님께

사탄은 아킬레스건을 공격한다 … 61
드디어 몽골로 … 71
나그네 됨 배우기 … 75
진짜 마리아 되기 … 83
드디어 칼을 잡다 … 87
수술을 예배로 … 95
하나님이 앞서서 하신다 … 101
몽골 최초의 복강경 수술 … 109
외과의사가 목회를? … 116
잊지 못할 첫 몽골어 설교 … 123
처절한 언어 배우기 … 130

Part 3.
하나님의 몽골행전.
말도 안 된다고 생각했던 부르심에 순종할 때 일어나는 벅찬
역사

어, 정말 성령의 불이 임하네! … 135
순종할 때 일어나는 놀라운 역사 … 141
기타도 못 치는 찬양 사역자 … 146
삶으로 드리는 예배 … 155
물고기 잡기 vs. 잡는 법 가르치기 … 160
순종하면 선한 열매가 열린다, '카자흐족 이야기' … 166
아버지, 선교가 행복해요 … 177
아버지의 마음에 클릭되다, '차튼족 이야기' … 182
네가 몽골 사람을 사랑하느냐? … 193
가장 감격적인 순간 Best 3 … 198
심재학 기념 의학도서관 건립/ 경배와찬양 몽골어 CD 발매/ 무슬림
가정의 첫 세례

Part 4.
내려놓아라.
내가 내려놓아야 주님이 일하신다

치러야 할 대가 … 211
또 한 번의 순종, 내려놓음 … 218
의사로서 부끄러운 순간들 … 223
아무것도 할 수 없다! … 227
오직 주의 사랑에 매여 … 230

Part 5.
새로운 부르심.
하나님이 얼마나 멋지게 일하시는가!

어디서든 '먹히는' 전문가가 돼라 … 237
후방 선교로 부르시다 … 247
세계는 넓고 할 일은 많다 … 253
후방 사역이 더 중요하다 … 260
누가?(Who)/ 왜?(Why)/ 어떻게?(How)/ 무엇을?(What)/ 언제, 어
디서?(When & Where)

Epilogue ··· 280
부르심을 기억하며···

내가 본 박관태 선교사 ··· 290
이철희/ 최인근/ 이정수/ 이현성/ 친다요쉬/ 바트새흥

행복하고, 영화롭고, 즐거운
하나님과의 동행

작년 11월부터 올해 5월까지 7개월간은 사역지로 갈 것인가, 교수로 한국에서 살 것인가의 고민이 최고조로 달하던 시기였다.

2010년 12월 초 하용조 목사님으로부터 연락이 왔다. 부탁이 있으니 잠시 보자는 것이었다. 곧바로 달려가서 뵈었는데 적잖이 당황스런 말씀을 하시는 게 아닌가?

하나는 온누리교회의 특별새벽기도회 기간인 12월 25일에 말씀을 전하라는 것이었고, 둘째는 온누리교회에서 만드는 NGO에 참여해 달라는 것, 마지막은 선교에 관한 책을 써 보라는 것이었다. 어느 것 하나 만만한 내용이 아니었지만 늘 그랬듯이 "목사님, 알겠습니다. 기도해 보겠습니다. 기회를 주셔서 감사합니다"고 말씀드렸다.

며칠 동안 잠을 이룰 수 없었다. 첫 번째, 두 번째 것도 힘에 부쳤지만 세 번째 것은 아무리 생각해도 답이 나오지 않았다.

'나 같은 사람이 무슨 책을 쓴단 말인가? 위대한 선교사들이 얼마나 많은데…'

겨우 4년의 미천한 경험을 책으로 쓴다는 것은 완전히 어불성설이었다. 그래도 목사님의 명을 어길 수 없어 담당자와 미팅 날짜를 잡았다. 담당자를 만나 간곡히 거절하리라 다짐하고서. 나는 담당자를 만나 사전에 준비한 몇 가지 이유를 대며 책을 쓰는 것은 어렵겠다고 했다. 잠자코 내 말을 듣고 있던 담당자가 한마디 했다.

"하 목사님의 감각을 믿어 보세요. 목사님이 아무한테나 책 내라고 하지 않으십니다."

그 말에 나는 시쳇말로 '깨갱' 할 수밖에 없었다.

"일단 시작해 보겠습니다. 하지만 나중에 원고를 보고 정말 말도 안 되는 얘기면 제발 내지 말아 주십시오."

이렇게 당부에 당부를 하는 것으로 수개월간의 장정은 시작되었다.

그때부터 하나님의 뜻이 보이기 시작했다. 선교지에서도 그랬다. 내가 처음 하나님의 은혜를 체험한 것은 말도 안 된다고 생각했던 하나님의 부르심에 응답하고 나서였다. 하나님은 그렇게 내가 응답을 하고 나자 이유도 천천히 말씀해 주시고 의미도 깨닫게 하셨다.

나에게 있어 선교는 힘들거나 거창하거나 결연한 헌신 같은 것이 필요한 무거운 주제가 아니다. 선교는 재미있고(exciting) 행복하고 영화로운, 한마디로 즐거운 하나님과의 동행이다.

'이런 면을 소개하라면 할 수도 있겠구나. 하나님께서 나같이 연약한 사람을 선교사로 부르셨다는 것을 나누면 선교에 부담을 갖고 있는 사람들에게 위안이 될 수 있겠구나.'

이런 생각이 들면서 즐겁고 가벼운 마음으로 작업을 시작했다.

평소 글이라면 수술 기록지, 논문 같은 것만 쓰던 사람이 얼마나 졸필일지는 이미 짐작할 터. 부디 독자 여러분이 이 글을 통해 선교를 향한 사탄의 속임(선교는 부담스럽고 거창한 일이며 특별한 사람만 해야 된다)으로부터 벗어나 선교를 향한 전향적 자세를 가질 수 있기를 기대한다.

2011년 9월
늦은 시간 연구실에서 두렵고 떨리는 마음으로
박관태

part 1.

부르심.

빼앗기지 않을 한 가지만 붙잡고 가라

주님이 말씀하셨습니다.

"관태야, 이제는 빼앗기지 않을 한 가지만 잡고 가지 않겠니?"

나는 조용히 대답했습니다.

"네, 그렇게 하겠습니다."

몽골에서 유명한 '파김치'

"파김치!"

"파김치!"

여기저기서 나를 찾는 소리다. 파김치는 닥터 박(Doctor Park)이란 뜻의 몽골어로, 내 성인 'Park'에 의사를 뜻하는 'Emchi'가 붙어서 된 말이다. 원래는 '팍임치'이나 연음법칙에 의해 '파김치'로 소리 나는 것이다.

몽골에는 두 종류의 의사가 있다. 6년제 정식 의대를 졸업한 의사는 이흐임치(큰의사), 4년제를 나온 의사는 박임치(작은의사)라고 한다. 박임치는 주로 지방의 보건소 등에서 일차 진료를 담당한다. 처음 몽골에서 나를 '박임치'(내 성인 '박'에 '임치'를 붙인 말)라고 소개했더니 그러면 박임치(작은 의사)와 헛갈려 정식 의사가 아닌 것으로 오해할 수 있다고 했다. 하는 수 없이 '박'의 영문 표기인 'Park'에 'Emchi'를 붙여 '팍임치'로 소개하게 되었고, 내가 일하는 병원에서는 여기저기서 팍임치를 찾는 사람이 수두룩해졌다.

어느 날 몽골에 들어온 단기팀이 사역을 마치고 마지막 날 병원에서 마무리 모임을 가질 때였다.

"왜 몽골 사람들은 선교사님을 자꾸 파김치라고 불러요?"

한 집사님이 조심스럽게 입을 열었다. 그분은 이어서 말했다.

"너무 일이 많아서 파김치처럼 녹초가 되어서 그런 건가요?"

집사님의 한마디에 그 자리에 있던 사람들은 너나할 것 없이 파안대소했다.

'그렇구나, 그게 한국말로는 파김치가 되는구나!'

자연스럽게 기도 제목도 '파김치'가 파김치가 되지 않게 해달라는 것이 되었다.

그 후 나의 몽골 명칭은 누구나 알기 쉬운 파김치가 되었다. 지금도 한국 식당에서 반찬으로 파김치가 나오면 그렇게 반가울 수가 없다.

파김치로 불린 나는 몽골에서 꽤 유명한 의사였다. 믿거나 말거나지만 '몽골 복강경의 아버지'로 불린다. 그런 파김치에게도 아찔한 순간이 있었다. 그건 다름 아닌 의료사고.

복강경 수술을 시작하고 한창 피치를 올릴 때였다. 150건 정도의 수술을 했을까? 의사들에게는 러닝커브(learning curve)라는 것이 있다. 어떤 술식에 익숙해지는 건수라고 할까? 복강경 담낭절제술이 100건 정도 넘으면 대개는 러닝커브를 넘었다고 본다. 그러면 자신감이 붙고 수술도 좀 빨라지게 된다.

수술 환자는 넘치고 수술 결과도 좋고, 그것이 선교에 잘 쓰이기까지 했으니 하늘 높은 줄 모르고 까불었었나 보다.

마음에 품고 있던 브리야트족에 진료를 갔을 때다. 검진 후 담석이 심한 뚱뚱한 환자 한 명을 무료로 수술해 주기로 하고 수도로 데려왔다. 배 갈마라는 몽골 여자였는데, 치료뿐만 아니라 장기적으로는 바잉동이라는 그 마을에 전도를 하기 위한 포석이었다.

다음날 수술을 하는데 별 문제 없이 진행되었다. 아래쪽에서 분명히 담낭관을 결찰하고 올라갔는데 쓸개를 떼다 보니 관이 하나 더 있는 게 아닌가? 눈앞이 캄캄했다. 이런 경험은 난생처음이었다. 너무 당황해서 수술하다 말고 다리에 힘이 풀려 털썩 주저앉을 뻔했다.

'저게 뭐지? 혹시 내가 자르면 안 되는 담도를 잘랐나? 어떡하지?'

짧은 순간이었지만 이런저런 생각들로 머리가 복잡했다.

일단 마무리를 하기로 마음먹고 하나 더 있는 관을 자르고 담낭 절제를 마쳤다. 돌아보면 나중에 자른 그 관은 절대로 자르면 안 되는 총수담

관이었다! 그땐 경험도 없으면서 자신감만 충만했다.

수술 다음날부터 초조한 마음으로 환자의 눈을 살펴보았다. 담도가 잘 렸으면 황달이 올 것이다. 그곳은 피검사도 하기 어려운 곳이라서 환자 를 유심히 관찰할 수밖에 없었다. 아니나 다를까. 하루, 이틀이 지나며 환 자의 눈이 조금씩 노래졌다. 백방으로 수소문해서 담도 사진을 찍었다. 혹시나 했는데 역시나 담도 절단! 복강경 수술 중에 발생할 수 있는 가장 위험한 사고가 발생한 것이다. 순간 백만 가지 생각이 지나갔다.

'어떻게 치료해야 하지?'

'전도하겠다고 데려와서는 의료사고를 냈으니, 하나님 얼굴에 먹칠을 해도 유분수지.'

'치료할 자신이 없는데 어떻게 해야 하나?'

빨리 재수술해서 자른 담도를 소장에 연결하는 길밖에 없었다. 이른바 담도 공장문합술(hepatico-jejunostomy)을 해야 했다. 전공의 시절에도 어쩌다 옆에서 지켜보기만 했지 직접 해본 적은 한 번도 없었다.

급한 마음에 은사이신 고대 구로병원의 최상룡 과장님께 SOS를 쳤다.

"과장님, 제가 복강경 수술을 하다가 담도를 잘랐어요. 와서 헤파티코 제주노스토미(hepatico-jejunostomy: 담도 공장문합술) 좀 해주시면 안 될까요?"

"아, 기래요? 내가 수술 일정이 있어서 몬 가는데…. 그거 별거 아이다. 요래요래 한번 해봐요. 할 수 있을 기다."

경상도 분이신 최 과장님은 그렇게 격려해 주고는 전화를 끊었다. 정신을 차려야 했다. 하나님께 매달리는 수밖에 없었다.

"하나님, 도와주세요."

다음날 아침 수술을 하기로 했다. 그날 아침 큐티 말씀이 마침 이사야 말씀이었다.

> "두려워하지 말라 내가 너와 함께함이라 놀라지 말라 나는 네 하나님
> 이 됨이라 내가 너를 굳세게 하리라 참으로 너를 도와주리라 참으로
> 나의 의로운 오른손으로 너를 붙들리라"(사 41:10).

아내가 수술 조수를 하고 난생처음 해보는 수술을 기구도 없는 데서 시작했다.

'하나님의 오른손으로 잡아 주신다는 게 이런 의미였구나!'

전날 걱정했던 것과 달리 얼마나 평안하게 수술을 했던지… 수술하는 내내 침착하게 하나님과 대화하며 책에서 본 그림대로 수술을 잘 마쳤다.

수술 결과는 어땠을까? 정상이라면 나오지 말아야 하는데, 다음날부터 연결 부위 밑에 유치한 배농관으로 담즙이 500cc쯤 나오기 시작했다. 클립으로 물린(복강경 수술 시 수술 부위를 클립으로 물려 놓고 수술한다) 부위에 연결해서 생긴 문합부 유출이었다. 이런 수술을 하고 나면 어느 정도 문합부 유출이 생기는 게 다반사지만, 거의 생담즙으로 500cc가 나오니 입이 바짝바짝 타들어갔다.

대개는 이렇게 나오다가 5-6일 지나면 양이 줄고 멎기 때문에 기다려 보자 싶었다. 하지만 일주일이 지나도 양이 줄지 않았다. 구멍이 막히지 않는다는 뜻이었다. 한국 같으면 다른 방도를 찾아볼 수 있겠지만 그곳 에선 손을 써볼 도리가 없었다. 열흘이 지났다. 여전히 차도가 없었다. 한 마디로 펑펑 울고 싶었다.

하는 수 없이 환자에게 사실대로 고백하고 같이 기도하자고 했다. 기 도 외에는 방법이 없으니 같이 기도해 보자며 환자의 손을 잡고 아침저 녁으로 통성으로 기도했다. 그렇게 이틀이 흘렀다. 하지만 아무런 변화 가 없었다.

"기도만 가지고는 안 되겠어요. 성경도 같이 읽어 볼래요?"

이판사판이었다. 환자도 위기를 느꼈는지, 세상에나 하루 만에 신약을 완독했다.

"잘하셨어요. 이제 구약도 읽어 보세요."

환자가 구약을 반쯤 읽었을 때는 수술 후 15일째. 그런데 정말 기적같 이 전날까지 매일 500cc 나오던 담즙이 단 한 방울도 나오지 않았다. 기 뻐하기보다는 너무 놀란 나머지 내 눈을 의심했다.

'혹시 막힌 게 아닐까? 뱃속에 고인 게 아닐까?'

초음파도 찍어 보고 진찰도 여러 번 했지만 괜찮았다. 세상에 이런 기 적이 어디 있을까? 하나님께 감사의 고백이 절로 나왔다.

그 환자는 3일 만에 성경을 다 읽었다. 그녀가 어떻게 되었을지 궁금

의료사고로 목숨을 잃을 뻔했던 배갈마 환자.
이 자매는 지금 교회의 좋은 일꾼이 되었다.

하지 않은가? 그녀는 내가 사역하는 교회에 나와 양육 받고 좋은 리더로 성장하였다. 할렐루야!

최악의 상황을 최선으로 만드시는 하나님, 나의 실수마저도 당신의 영광을 위해 덮어 주시는 하나님을 찬양한다.

그렇다 해도 이 사건은 내게 끔찍한 기억으로 남아 있다. 그 뒤로는 돌다리도 두들겨 보고 건너는 심정으로 한 건 한 건 조심해서 수술하게 되었고, 지금까지 천 건의 복강경 수술을 했지만 단 한 건의 사고도 내지 않았다.

사도 요한이 요한복음 말미에서 예수님이 행하신 일을 낱낱이 기록한다면 이 세상에 둘 곳이 부족할 것이라고 했는데, 나도 그런 고백을 하고 싶다. 의료 선교사로 나가 있던 몽골에서 4년 동안 경험한 하나님을 다 기록할 수가 없다. 찬송가 가사처럼 하늘을 두루마리 삼고 바다를 먹물 삼아도 한없는 하나님의 사랑을 다 기록할 수가 없다.

　나를 사랑하셔서 당신의 자녀로 삼으시고, 당신의 종으로 불러 당신의 나라를 위해 일할 수 있는 특권을 주신 하나님. 그 과정마다 하나님은 놀라운 사랑과 은혜를 넘치게 베푸셨다.

'겁도 없이 부르짖다, '주여 나를 보내소서!'

몽골에 선교사로 파송되어 사역하면서 가장 많이 받은 질문이 있다.

"어떻게 선교사로 헌신하게 되었으며, 선교지에 나오게 되었어요?"

여기에 대한 대답은 사람마다 다를 것이다. 우리의 속사정까지 가장 잘 아시는 하나님께서 각자에게 가장 적합한 방법으로 인도하시기 때문이다. 나의 경우는 요즘 흔히 하는 말로 '맞춤 인도'를 해주신 것 같다.

나는 집안 대대로 불교를 믿던 가정에서 태어났다. 어릴 때는 어머니를 따라 절에도 다녔고, 과자를 얻어먹으려고 교회를 다니기도 했다. 중

학생이 되어서는 좋아하는 여학생을 따라 부모님 몰래 교회를 다녔다. 서당 개 3년이면 풍월을 읊는다고 주기도문과 사도신경을 외고, 복음성가를 곧잘 따라 불렀다. 하지만 나는 여전히 잿밥에만 관심이 많았다.

주님은 그런 나를 고3 때 만나 주셨다. 1988년 2월, 겨울 수련회에서였다. 그때 처음으로 복음에 반응하게 되었고, 내가 하나님 앞에 죄인인 것을 고백하고 뜨거운 눈물로 회개의 시간을 가졌다. 예수님을 구주로 고백하던 그 순간 뜨거운 불 같은 것이 쑥 하고 마음에 들어오는 것을 느꼈다. 그것이 성령 세례였을까? 나의 첫 열매는 말씀 사랑이었다. 고3이었는데도 쉬는 시간, 점심시간마다 성경을 꺼내 읽었다. 지금도 친구들은 그때를 기억하며 성경에 미친 사람 같았다고 말하곤 한다.

그 후 얼마 되지 않아 교회에서 부흥회가 열렸다. 선교사로 헌신하는 시간이 있었는데 내 안에 주체할 수 없이 뜨거운 마음과 감격이 일어났다. 어린 마음에 일어나 '내가 커서 의료 선교사가 되겠습니다!' 하고 헌신했다. 그 후 선교사로서 헌신하겠다는 생각이 머릿속에서 한순간도 떠난 적이 없었다.

하나님은 나의 기도를 들어주셨다. 1년 재수하는 동안 실력이 많이 향상되어 좋은 성적으로 고려대학교 의과대학에 진학한 것이다. 고향을 떠나 서울에서 재수하던 시간은 내게 또 하나의 축복이었다. 올네이션스 경배와찬양을 만난 것이다. 거기서 주님을 새롭게 만나고 훈련을 받기 시작했다.

나도 한국 사람인지라 성격이 급해서 선교에 헌신하자마자 다짜고짜 하나님께 여쭈었다.

"하나님, 제가 가야 할 곳이 어디입니까? 선교는 언어가 중요하다는데 어느 나라 말부터 배울까요?"

지금 돌아보면 하나님께서 참 웃기고 당돌한 녀석이라고 하셨을 것 같다. 물론 하나님은 그 질문에 바로 대답해 주시지 않았다. 대신 선교사이기 전에 먼저 하나님의 자녀로서 변화되어야 할 부분들을 만지시기 시작했다.

나는 계속해서 경배와찬양 목요모임에 나가 회개를 통해 정결해지고, 나를 하나님께 내맡기며 깎이고 다듬어져 갔다. 재수할 때 목요모임에 나가면 맨 앞에서 매번 어찌나 많이 울었는지 모른다. 그런 나를 눈여겨보던 모임의 선배가 이렇게 말할 정도였다.

"어린 녀석이 무슨 죄를 그렇게 많이 지었기에 만날 울음바다냐? 회개할 것이 그리도 많으냐?"

지금 생각해 보면 아마도 그때가 하나님과 깊이 만나 회복되고, 부르심에 첫발을 내딛은 때가 아닌가 싶다.

드디어 의과대학 본과 2학년 때 하나님은 한 나라에 대한 마음을 주셨다. 온누리교회에서 3차 의료선교대회를 가졌을 때였다. 북한에 관한 얘기를 듣고 기도하는데 생전처음으로 하나님 아버지의 마음을 느낄 수 있었다. 그 땅과 민족을 생각하면 가슴을 도려내는 듯한 아픔을 느꼈고, 그들을 구원하기 원하시는 하나님 아버지의 마음이 고스란히 전해졌다.

'아, 하나님이 나를 북한으로 부르시는구나!'

그때 온누리교회 본당 강단에 커다란 세계지도를 붙여 놓고 선교 헌신자들은 나가서 해당 국가에 깃발을 꽂으라고 했다. 뒤쪽에 앉아 있던 나는 그 말이 끝나기가 무섭게 뛰쳐나가 첫 번째로 북한에 깃발을 꽂았다.

"하나님, 북한 땅에 제가 가겠습니다. 저를 보내 주십시오. 혹시라도 이런 제 마음이 변하거든 저를 쳐서라도 꼭 보내 주십시오."

깃발을 꽂으며 하나님께 이런 서원기도를 했다. 하나님은 그 뒤로도 여러 차례 북한에 대한 부르심을 확인시켜 주셨다. 지금도 하나님이 나를 북한으로 부르셨다는 것을 믿어 의심치 않는다. 늘 '나의 최종 목적지는 북한'이라고 생각하며 그곳을 향해 내 모든 삶의 초점을 맞춰 준비하고 있다.

북한을 놓고 기도하며 기다리던 중 문득 이런 생각이 들었다.

'아직 북한 땅에 선교의 문이 열리지 않았으니 그곳에 가기 전에 내가 가야 할 땅이 있지 않을까?'

이것을 놓고 기도하는데 얼마 지나지 않아 응답을 받았다. 본과 4학년이던 1995년에 온누리교회에서 처음으로 미전도 종족을 입양한 일이 있었다. 그때 대여섯 종족을 입양했는데 몽골의 브리야트족을 소개할 때였다. 북한 땅을 생각할 때마다 느껴지던 아픔과 뜨거움이 밀려오면서 눈물이 났다.

"하나님, 몽골이 제가 가야 할 땅입니까?"라고 묻고 기도하기 시작했다. 의대를 졸업하고 바쁜 수련의, 전공의 과정을 거치면서도 이상하게 몽골에 대해 접할 기회가 많았다. 그때마다 몽골에 대한 마음이 다른 나라와는 다름을 알 수 있었다. 마침내 1999년 처음으로 몽골에 아웃리치를 가게 되었고, 그곳에서 몽골에 대한 부르심을 확신하게 되었다. 그때 아내도 동행했는데 한마음을 품게 되었고, 이후 몽골로 가기 위해 준비하게 되었다.

나를 인도하신 과정을 돌아보면 하나님의 인도하심은 돋보기로 초점을 맞추듯 정점을 향해 나아가는 것임을 깨닫는다. 아무리 그럴싸하고 내가 하고 싶은 일이라 해도 그것이 내 생각에서 비롯된 것이라면 한 달 이상 지속하기 힘들고 하나님께 온전히 드려지지도 않는다. 하지만 하나님이 인도하는 일은 층계를 오르듯, 피라미드를 쌓아 가듯, 하나하나 더 구체화되고 정점을 향하게 된다.

처음에는 내 삶을 하나님께 드리겠노라고 헌신하게 하셨고, 그 다음에는 선교에 헌신케 하셨으며, 하나님 아버지의 마음이 어떤 것인지 알게 하셨고, 선교사 이전에 먼저 예배자로 준비되어야 함을 알게 하셨다. 그러고 나서야 한 나라와 민족을 품게 하시고, 목적지를 어렴풋이 보여 주시더니 몽골을 다시 품게 하셨다. 그러고도 하나님은 그 민족을 먼저 사랑하고 기도하게 하신 후에 정보를 얻게 하시고, 그 땅을 밟게 하시고, 언어를 배우게 하시고, 일할 병원을 보여 주시고, 어떻게 일해야 할지, 무엇을 준비해야 할지 차츰차츰 구체적으로 알게 하셨다. 그리고 이 모든 준비 과정이 정점에 다다랐을 때, 돋보기의 초점이 비로소 맞춰졌을 때, 몽골행 비행기에 오르게 하셨다.

하나님은 결코 우리 삶의 전체 노정을 보여 주시지 않는다. 한 걸음 한 걸음 인도하실 뿐이다. 나도 내 인생의 청사진을 보고 싶고 10년 후, 20년 후 나를 어떻게 인도하실지 알고 싶다. 하지만 그것은 사람들이 점쟁이한테 가서 점을 보는 것과 같은 마음이다.

하나님이 아브라함을 부르실 때도 마찬가지였다. 창세기 12장 1-2절은 이렇게 기록하고 있다.

"여호와께서 아브람에게 이르시되 너는 너의 고향과 친척과 아버지의 집을 떠나 내가 네게 보여 줄 땅으로 가라 내가 너로 큰 민족을 이루고 네게 복을 주어 네 이름을 창대하게 하리니 너는 복이 될지라."

하나님은 약속은 주셨지만 어떻게 어디로 가라고는 구체적으로 말씀해 주시지 않았다. 믿음의 길이 하나님을 신뢰함으로 보이지 않는 길을 따라가는 것이라 그런 것 같다. 보이지 않는 것을 소망한다면 인내함으로 기다려야 한다고 로마서 8장 25절은 얘기한다.

"만일 우리가 보지 못하는 것을 바라면 참음으로 기다릴지니라."

나는 하나님이 나를 북한으로 부르셨음을 안다. 북한과 동일한 사회주의 배경을 가진 몽골에서 훈련 받게 하시고, 향후 북한에 들어가서 일할 기회를 잡기에 용이한 장기이식을 공부하게 하신 것도 다 그날을 위한 것임을 이제는 어렴풋이 이해할 수 있다. 나를 언제쯤 북한 땅으로 보내실지 모르지만 그날까지 참음으로 기다리고 신뢰하며 믿음의 길을 가련다.

로제타 홀을 기억하며

내가 전공의를 마쳐 가던 2000년은 로제타 홀(Rosetta Sherwood Hall)의 조선 방문 110주년이 되는 해이기도 했다. 그때 고려대학교 의과대학 기독 동문들이 그분의 후손을 캐나다에서 찾아 초청한 일이 있다. 로제타 홀이 고려대학교 의과대학의 전신을 세웠기 때문이다(1928년에 설립된 경성 여자의학전문학교는 서울여자의과대학으로 바뀌었다가 다시 우석의과대학으로, 그리고 현재의 고 려대학교 의과대학이 되었다).《닥터 홀의 조선회상》을 통해 그분의 일대기는 알 고 있었지만 이 행사를 통해 그 뒷이야기를 들을 수 있었다.

로제타 홀은 한국에 온 그 어떤 선교사보다 감동적인 스토리가 있는 의료 선교사다. 역시 의사였던 남편 윌리엄 제임스 홀과 함께 조선을 섬겼고, 아들인 셔우드 홀과 그의 아내 메리안 버텀리 홀 역시 의료 선교사로서 2대에 걸쳐 당시 미지의 은둔 왕국이던 조선 땅에 헌신했다. 하지만 로제타 홀은 젊은 나이에 선교지에서 남편과 딸을 잃었다.

로제타 홀이 조선에 도착한 것은 1890년, 남편보다 1년 먼저였다. 두 사람은 조선에 파송되기 전에 이미 약혼한 사이였는데 윌리엄 제임스 홀이 조선에 들어온 다음해에 결혼했다. 그러나 신혼의 단꿈은 그리 오래가지 않았다. 맏아들 셔우드 홀이 첫돌을 맞은 1894년 11월에 남편인 윌리엄 제임스 홀이 평양에서 환자들을 돌보다 병에 걸려 하늘나라로 부름을 받은 것이다.

당시 만삭의 몸이던 로제타 홀은 남편의 장례를 마치고 미국으로 돌아갔다. 그렇다고 조선에 대한 마음을 접은 것은 아니었다. 그녀의 마음속에는 늘 남편을 묻은 조선이 있었다. 남편이 하나님께로부터 받은 꿈과 비전이 적힌 편지들을 읽고 또 읽으면서 조선으로 돌아갈 날을 기다렸다. 그리고 3년 만에 로제타 홀은 두 자녀를 데리고 다시 조선으로 돌아왔다. 하지만 몇 달 만에 사랑하는 딸을 잃는 아픔을 겪게 된다.

불과 몇 년 사이에 사랑하는 사람을 둘이나 떠나보낸 심정이 오죽했을까. 그럼에도 불구하고 로제타 홀은 이 모든 것을 하나님의 사랑으로 극복하고 1933년까지 43년간 조선에서 하나님의 부르심에 순종해 충성

2000년 로제타 홀 110주년 기념 행사

로제타 홀의 후손. 우리는 복음에 빚진 자들이다.

을 다했다.

심재학 형제는 재수 시절 알게 되어 대학에서 다시 만나면서 영적인 동지가 된 친구다. 우리의 뿌리를 찾기 위해 함께 로제타 홀 관련 자료를 발굴하고 연구하면서 우리는 두 가지의 큰 은혜를 받았다.

하나는 로제타 홀이 젊은 나이에 선교지에서 남편과 딸을 잃고도 고국으로 돌아가지 않고 조선에 남을 수 있었던 데는 남편 제임스 홀의 영향이 컸다. 그가 남긴 여러 편의 편지들이 로제타 홀의 사역에 힘이 되고 격려가 되었던 것이다. 나의 최종 사역지인 북한에서 언젠가 사역을 한다면 나는 윌리엄 제임스 홀을 기념하는 일을 해야겠다는 생각을 한다. 이 일은 로제타 홀에게 복음의 빚을 지고 있는 고려대학 의과대학이 해야 할 일이기도 하다.

또 하나는 로제타 홀이 조선에 와서 한 사역을 통해 하나님이 그 영적 후손인 우리에게 원하시는 것이 무엇일까 하는 것이다. 로제타 홀이 가장 무게를 두고 한 사역 중 하나가 여자 의사를 양성하는 일이었다. 당시 여자 의사가 정말 필요했기 때문이다. 조선시대 여인들은 병이 들어도 남자 의사들에게 몸을 보일 수 없어 병원에 가지 않고 병을 키우다 그냥 죽어 갔기 때문에 로제타 홀은 이를 너무나 안타깝게 여겼고, 마침내 여의사를 양성하는 기관을 세웠던 것이다. 나는 나를 향한 하나님의 부르심이 바로 이 땅에서 가장 필요로 하는 의사가 되는 것임을 그때 깨달았

로제타 홀의 후손이 선물로 준 《닥터 홀의 조선회상》 원본

다. 그것이 로제타 홀의 영적 후손으로서 우리가 마땅히 해야 할 일이라고 생각했다.

그렇다면 과연 이 세상에서 가장 필요한 의사는 어떤 의사일까? 그것은 소위 말하는 대학병원의 최고 실력을 갖춘 명의, 대가일까? 아니다. 이 시대가 필요로 하는 의사는 육체적인 질병뿐 아니라 그 사람의 영혼까지도 돌보는 전인치유를 지향하는, 하나님 아버지의 마음으로 이 세상의 연약한 부분을 품을 수 있는 그런 의사다.

재학이와 나는 진정으로 이 시대가 원하는 그런 의사가 되는 것을 목표로 정했다. 그리고 고려대학 의대가 그런 일들에 쓰임을 받도록 함께 기도하며 밑거름이 되기로 했다.

돌이켜보면 당시에 로제타 홀을 통해 깨달은 두 가지 은혜는 선교 생활 20년을 지탱해 준 힘이었다. 의료 선교를 준비하는 과정에서 가장 많은 영향을 받고 영감을 얻은 로제타 홀을 기억하며 내가 바로 그녀의 영적인 후예임을 때마다 가슴에 새겼던 것이다. 그리고 그때 우리가 그분으로부터 배우고 계승하고자 한 정신은 지금도 끊어지지 않고 후배들에게 계속 흘러가고 있다.

"이러므로 우리에게 구름같이 둘러싼 허다한 증인들이 있으니 모든 무거운 것과 얽매이기 쉬운 죄를 벗어 버리고 인내로써 우리 앞에 당한 경주를 하며"(히 12:1).

좌절, 재학이의 투병

혹자는 내가 의사로, 교수로 편히 살 수 있는 길을 버리고 선교와 의료 봉사를 위해 헌신한다고 칭찬하곤 한다.

하지만 나는 한 번도 내가 하나님 앞에 귀한 헌신을 해서 하나님의 사역을 감당하고 있다고 생각해 본 적이 없다. 하나님께서 나 같은 죄인을 부르시고 써 주시는 것이 감사하고 기막힐 따름이다. 한마디로 하나님의 은혜다.

고3 때 예수님을 인격적으로 만나고 선교에 헌신한 뒤 대학 시절까지는 하나님이 주신 마음을 지키며 예배자로, 예비 선교사로 잘 준비되고 있었다. 경배와찬양을 통해 계속 훈련을 받았고 하나님이 부르신 땅을 위해 기도하는 것도 게을리 하지 않았다.

하지만 대학병원에서 외과 레지던트 생활을 하면서 달라졌다. 흔히 하는 말로 세상에 눈을 뜨게 된 것이다. 사실 그전에는 외과의사가 힘들다, 술을 많이 마신다는 얘기를 들어도 자기 하기 나름이라고 무시했다. 그런데 막상 닥치고 보니 현실은 생각처럼 쉽지 않았다.

1년 차 때 예기치 않게 내가 맡던 환자가 죽는 일이 발생했다. 이런 일이 생기면 의사는 몹시 의기소침해지고 좌절하게 된다. 그러면 주변의 선배나 동료들은 위로해 주기 위해 술자리를 만든다.

"자, 마셔! 쭈~욱 마셔!"

"내 잔도 받아. 이거 한잔 하면 다 잊게 될 거야. 걱정하지 말고 마셔!"

"너만 그런 것 아냐. 우리도 다 그랬어. 넌 그 환자에게 최선을 다했잖아. 그러면 됐어. 더 이상 너를 자책하지 마라."

선배들의 위로와 격려를 받으며 저마다 건네주는 술을 넙죽넙죽 받아 마시다 보면 정신이 아득해지면서 괴로운 마음도 사라진다. 꼬인 혀로 횡설수설하며 새벽 5시까지 술이 떡이 되도록 마셔 댔다.

그렇다고 다음날 쉴 수 있는 것도 아니었다. 술이 덜 깬 상태에서 회진 돌아야지, 일해야지, 하루가 어떻게 지나가는지도 모르게 정신없이 시간을 보내게 된다. 그리고 그날 밤도 선배들의 손에 이끌려 또다시 술판을 벌인다. 아침부터 하루 종일 정신없이 일하고 밤이 되면 다시 술집을 찾기를 3일째 반복하다 보면 환자가 죽었던 일을 까맣게 잊어버리게 된다. 선배들이 이런 식으로 위기를 넘겼듯이 나 역시 그랬다.

2년 차가 되니 나도 후배들에게 똑같이 했다. 힘들어하는 후배를 데리고 나가 술을 먹이고 나도 마시면서 서서히 술맛을 알게 되었다. 대학 때까지 술 한 방울도 안 마시던 내가 3년 차쯤엔 어느새 술집과 온갖 종류의 폭탄주를 두루 섭렵하고 술자리를 주도하는 사람이 되어 있었다.

1년 차 때는 어쩔 수 없이 술을 마셨지만 그 와중에도 교회에 가면 하나님 앞에 회개하고 말씀을 사모하며 은혜를 받았다. 하지만 벼룩도 낯짝이 있다고 매주 교회에 나가지만 매번 변함없이 똑같은 삶이 반복되니까 하나님께 너무 죄송했다. 점점 교회에 가는 게 불편해지고 싫어졌다. 이왕이면 주일에 당직을 서고 싶었다. 3년 차쯤 되니 크리스천 모임도 불편해서 안 나가게 되었다.

내가 세상에 서서히 눈을 떠 가던 레지던트 2년 차에 절친인 재학이에게 악성 임파종이 발견됐다. 세상에 둘도 없는 친구였는데 하늘이 무너지는 듯했다.

우리가 대학에 입학했을 때만 해도 기독학생회가 본과에만 있고 예과에는 없었다. 예과에도 만들자며 뜻을 모았을 때 함께하던 사람이 바로 재학이었다. 나와 함께 회장과 총무로 섬기면서 기독학생회의 부흥을 이끌던 이도, 로제타 홀의 후예로서 이 시대에 꼭 필요한 의사가 되자고 약

재학이는 투병 생활 중에도 늘 밝게 웃었다.

속한 이도, 몽골에 대한 의료 선교의 꿈을 같이 꾼 이도 재학이었다. 그런 재학이가 악성 임파종이라니 믿을 수가 없었다.

"하나님, 재학이의 병을 고쳐 주십시오. 예수님께서 우리 대신 채찍에 맞으심으로 우리가 나음을 입었다고 하지 않았습니까. 재학이는 아직 젊고 할 일이 많습니다. 우리에게 몽골을 품게 하신 분도, 이 시대에 꼭 필요한 의사가 되는 꿈을 꾸게 하신 분도 하나님이 아니십니까. 그 꿈을 펼칠 수 있도록 하나님께서 치료해 주십시오."

재학이의 병을 치료해 달라고 새벽마다 기도하면서도 내 삶은 별반 달라지지 않았다. 거의 매일 저녁 반주로 마신다면서 거나하게 마셔 댔다. 저녁을 먹고 병원에 돌아올 때면 패배감이 밀려왔다.

'내가 지금 열심히 기도해도 될까 말까인데 저녁마다 술판을 벌이고, 그것도 모자라 술 냄새까지 풍기면서 병실을 찾아가다니…. 내가 지금 대체 뭘 하고 있는 거냐.'

재학이에게 너무 미안했다. 새벽과 저녁이 완전히 딴판인 내 이중적인 삶 때문에 너무 고통스러웠다. 하나님께 너무 죄송하고 부끄러워 고개를 들 수가 없었다.

"하나님, 나 같은 게 무슨 선교사를 하겠습니까."

그때의 좌절감과 패배감은 이루 말할 수 없었다. 술 냄새를 풍기며 병실을 찾는 것이 미안한 일이었지만 그래도 하루에 한 번은 얼굴을 봐야겠기에 저녁마다 재학이를 찾아갔다.

"재학아, 내가 이래 가지고 무슨 선교사로 나가겠니."

병실에서 재학이에게 늘 하던 말이었다. 그럴 때마다 재학이는 병상에 누웠으면서도 오히려 나를 위로하고 격려해 주었다.

내 몫까지 부탁한다

레지던트 3년 차이던 1999년 나의 영적인 상태는 바닥으로 곤두박질 치고 있었다. 그런 나를 병상에서 안타깝게 지켜보던 재학이가 어느 날 부탁이 있다며 말을 꺼냈다.

"관태야, 8월에 누가회에서 몽골로 아웃리치를 간단다. 나도 가고 싶 지만 내 처지가 이러니 갈 수 없잖니. 너라도 갔다 와서 그곳 얘기를 해 줬으면 좋겠다."

"어, 그래…. 생각해 볼게."

"생각은 무슨…. 하나님이 너 몽골로 부르신 것 잊었어? 그 땅을 위해 우리 함께 기도했잖아."

"그랬지. 하지만 지금 내 모습을 봐. 이래 가지고 무슨 선교사야. 자신이 없어."

"관태야, 그러지 말고 한번 가 봐. 막상 가 보면 달라질 수도 있잖니. 하나님을 기대해 봐. 무엇보다 너와 함께 기도한 그 땅이 어떤 곳인지 네가 직접 보고 와서 말해 준다면 내게 힘이 될 것 같아서 그래."

"아, 알았어."

나는 더 이상 뿌리칠 수가 없었다. 누구보다 몽골에 가고 싶어 한 재학이의 마음을 알기에, 투병 중인 재학이에게 조금이나마 힘이 될 수 있다기에, 한편으로는 나를 아끼고 사랑하는 재학이의 마음이 느껴졌기에. 내 짐작이지만 재학이는 자책하면서도 똑같은 생활을 반복하는 나를 바라보며 '더 이상 저렇게 내버려둬선 안 되겠구나' 싶어 뭔가 계기를 마련해 주려 한 것 같다.

몽골에 가면서 하나님께 기도했다.

"하나님, 재학이 부탁으로 몽골에 가지만 저는 이게 마지막입니다. 다메섹 도상에서 사도 바울이 하나님을 만난 것처럼 거기 가서도 제가 회복되지 않으면 선교사가 되겠다고 서원한 것 취소하겠습니다. 하나님께서 제 다리를 부러뜨리시더라도 저는 선교의 꿈을 포기하겠습니다."

나는 참 겁도 없이 서원을 많이 했다. 어떤 모임이나 집회에서 자신의 삶을 하나님께 드릴 사람들은 일어서라고 하면 벌떡벌떡 일어났다. 선교사로 헌신할 사람들을 부를 때도 주저하지 않았다. 심지어 "하나님, 제가 나중에 선교사가 되겠다고 한 마음을 저버리고 딴짓 하면 제 다리를 부러뜨려서라도 보내세요. 이것 서원이에요. 하나님. 그러니까 꼭 보내셔야 해요"라고까지 했다.

몽골로 향하는 내 심정은 복잡했다. 수없이 서원을 했기에 내 마음은 늘 선교에 대한 부담으로 무거웠다. 매일 반복되는 좌절감과 패배감 때문에 더 그랬다. 이번 단기선교를 통해 회복되지 않으면 선교에 대한 꿈을 접겠다는 마음이 강했지만 마음 한구석엔 하나님이 그냥 두지 않으리라는 믿음과 한편으론 회복되고 싶은 열망이 타다 남은 불씨처럼 타고 있었다. 내가 비록 지금은 최악의 상태지만 하나님께서 이대로 나를 버리시지는 않겠지, 사도 바울처럼 눈이 멀든지 무슨 기가 막힌 일로 나를 회복시키시겠지 하는 일말의 기대감이 너울거렸다.

그런데 아무 일도 일어나지 않았다.

'그냥 이렇게 돌아가야 하나.'

'돌아가서 재학이를 무슨 낯으로 보지?'

마지막 날 밤 이런저런 생각에 잠을 이룰 수 없었다. 방에서 나와 호텔 앞 벤치에 앉았다. 별들이 총총하게 빛나는 밤하늘은 정말 아름다웠다. 물끄러미 하늘을 쳐다보고 있는데 내가 진료한 사람들이 생각나면서 파노라마처럼 그들의 얼굴이 죽 지나갔다. 그 끝에 "저들을 위해서 누가 갈까. 나는 저들을 위해 너를 사용하고 싶다"는 말씀이 들렸다. 나도 모르게 눈물이 주르르 흘렀다. 얼마나 울었는지 알 수 없다. 회개와 감사, 하나님의 은혜와 온화한 부르심으로 인한 목메임이었으리라.

한국에 돌아온 뒤 놀라운 일이 벌어졌다. 저녁마다 술독에 빠져 살던 내가 술을 보고도 마시고 싶다는 생각이 전혀 들지 않는 것이다. 이젠 선교지에 가야 되니까 술을 끊어야겠다고 결심하고 돌아온 것도 아니었다. 술 생각 대신 몽골에서 마지막 날 밤에 보았던 사람들의 얼굴이 머릿속에서 떠나질 않았다. 하나님의 은혜였다.

당연히 과에서도 난리가 났다. 만날 부어라 마셔라 하던 사람이 하루아침에 180도 달라졌으니, 만나는 사람마다 도대체 왜 그러냐고 묻기 바빴다.

"관태야, 도대체 몽골에 가서 뭘 먹고 왔기에 술을 안 먹냐? 좋은 것 있으면 혼자만 먹지 말고 나도 좀 줘라."

"도대체 거기서 무슨 일이 있었던 거야?"

술은 끊었지만 술자리를 아예 피할 수는 없었다. 개중에는 내 의사를 존중해 주는 사람도 있었지만 무시하고 강권하는 사람도 있었다. 하나님은 이 문제에 대해서도 피할 길을 주셨다. 몽골에 다녀온 뒤 3주가 지났을 무렵 아무런 이유 없이 간 수치가 급상승해 입원까지 하게 된 것이다. 이것저것 검사했지만 특별한 이유를 찾지 못하자, 과에서는 내가 간이 안 좋으니까 술 먹이지 말라는 분위기가 자연스럽게 조성되었다.

나의 회복을 누구보다 기뻐한 것은 재학이었다.

"하나님께서 나 같은 사람도 쓰신다고 하더라. 그 말씀을 듣는데 왜 그렇게 눈물이 나던지…. 재학아, 나 이제 회복됐어. 남은 기간 잘 준비해서 나갈 거야. 너도 얼른 일어나 같이 가자."

재학이에게 미안해하지 않고 떳떳하게 얼굴을 마주하며 이런 얘기를 나눈 게 얼마 만인지 모른다. 재학이에게 고마웠고, 그런 만큼 더 그를 위해 기도했다.

그를 사랑하는 많은 사람들의 바람과는 달리 재학이는 이후에도 몇 번의 죽을 고비를 넘겼다. 그러던 어느 날 재학이한테 전화가 왔다.

"관태야, 미안해. 난 아무래도 함께 못 갈 것 같아. 내 몫까지 부탁한다."

"그게 무슨 소리야? 재학이 너는 갈 수 있어. 걱정하지 말고 힘 내."

이것이 재학이와 나눈 마지막 대화였다. '내 몫까지 부탁한다'는 재학이의 말은 유언이 되어 버렸다. 다음날 재학이는 의식을 잃고 사흘 동안 의식불명 상태로 있다가 1999년 11월 9일 주님의 품에 안겼다.

몸은 비록 떠났지만 재학이는 지금도 여전히 나에게 선한 영향력을 끼치고 있다. 몽골에서 4년간의 사역을 마치고 돌아왔을 때 또 한 번의 위기가 찾아왔다. 들어오자마자 아산병원에서 일하게 됐는데, 좋은 병원에서 트레이닝을 받다 보니 그 자리에 안주해 편하게 살고 싶고, 세상에서 더 유명해지고 싶은 유혹이 슬그머니 머리를 든 것이다. 그때 흔들리는 나를 바로잡아 준 이도 재학이다. 재학이의 유언, 재학이와의 약속이 나

재학이의 건강할 때 모습

학창 시절 재학이와 무의촌 봉사를 많이 다녔다.
맨 뒤 왼쪽이 나, 양팔 벌린 친구가 재학이

를 늘 깨어 있게 한다.

처음에는 약속 때문에 의무감으로 선교 사역을 했지만, 지금은 사역이 재미있고 좋으니까 한다. 그러니까 자연스레 열매가 맺히고 사역도 점점 더 커진다. 그것을 보면 기쁘고, 기쁘니까 열매가 커지고⋯ 이렇게 선순환을 하게 된 것이다.

이 모든 것의 중심에는 언제나 재학이와의 약속, 그리고 하나님께서 우리에게 주셨던, 로제타 홀이 고려대학 의대에 베푼 빚을 갚으려는 마음이 있다. 내가 로제타 홀의 후예라면 재학이는 나에게 윌리엄 제임스 홀과 같은 사람이다.

지금도 돌아보면 나같이 연약한 죄인을 부르시고 써 주시는 것이 망극한 하나님의 은혜이기에 나는 한 번도 내가 하나님 앞에 귀한 헌신을 했다고 생각한 적이 없다. 그저 감사할 따름이다.

"나를 주 앞에서 쫓아내지 마시며 주의 성령을 내게서 거두지 마소서 주의 구원의 즐거움을 내게 회복시켜 주시고 자원하는 심령을 주사 나를 붙드소서 그리하면 내가 범죄자에게 주의 도를 가르치리니 죄 인들이 주께 돌아오리이다"(시 51:11-13).

마르다에서 마리아로

몽골 단기선교에서 부르심을 확인해 주신 하나님은 한국으로 돌아오는 길에 몽골어를 준비하라는 마음을 주셨다. 영어나 일본어도 아니고 어떻게 몽골어를 배우나 싶어 막막했는데, 내과의사인 친구를 통해 한국에 유학 온 몽골인 선생님을 소개 받았다. 흔쾌히 가르쳐 주겠노라고 해서 1999년 9월부터 일주일에 한 번씩 만나 배우기 시작했다.

다음해에 다시 몽골을 방문했을 때 하나님은 구체적으로 연세친선병원에서 어떻게 일할 것인지를 보여 주시고, 복강경을 준비해야 함을 알게 하셨다.

나는 이렇게 몽골에 다녀온 뒤 정신을 차리고 남은 1년 반 동안 하나님의 은혜 가운데 몽골에 나갈 준비를 착실하게 해나갔다.

몽골로 떠나기 전 병역의 의무를 마치기 위해 대전에 있는 국군군의학교에서 10주간 군사훈련과 이론 교육 등을 받아야 했다. 훈련을 마치면 대위로 제대하고, 바로 국제협력의사로서 해외에서 근무하게 되었다. 국제협력의사는 KOICA라는 국가기관에서 해외 원조의 일환으로 후진국에 전문의들을 일정 기간 파견하는 프로그램이다. 나의 경우 가장 빨리 선교지로 나갈 수 있는 방법이 이것뿐이어서 이 제도에 응모해 선발되어 몽골 땅을 밟게 되었다.

군의관들이 받는 훈련은 시간 여유도 있고 단조로운 편이라서 인턴과 레지던트를 지내는 5년 동안 제대로 읽지 못하고 묵혀 둔 신앙서적을 작심하고 싸들고 갔다. 특별히 헨리 나우웬을 좋아해 그의 책을 몇 권 가져갔는데 책을 편 첫날부터 하나님은 내 마음을 흔들어 놓으셨다.《예수님의 이름으로》라는 책이었는데, 말할 수 없는 감동으로 흠뻑 잠기게 하더니 지금까지 뇌리에 박혀 떠나지 않는 장면이 있다.

예수님이 공생애를 시작하시기 전에 광야에서 받은 시험에 관한 내용이었는데, 특히 사탄이 돌로 떡을 만들라 한 것은 예수님께 사람들의 현실적 필요를 채워 주는 메시아 됨을 증명해 보라는 요구였다는 설명이었다. 사탄은 사람들의 현실적인 필요를 채워 주라고 요구했고, 예수님은 하나님의 말씀으로 살 것이라고 대답하심으로써 사탄의 요구를 거절하고 예수님이 이 땅에 오신 목적을 분명히 하셨다. 그런데 하나님은 내게 예수님처럼 너도 외과의사를 포기하고 몽골에 가는 목적을 분명히 하라고 도전하셨다.

나는 그때 외과 레지던트 과정을 마치고 전문의 자격을 딴 막 쪄낸 뜨거운 찐빵 같은 외과의사였다. 혹시 알고 있는지 모르지만 의사들 세계에도 3D$^{(Difficult, Dangerous, Dirty)}$가 있다. 내가 1997년 레지던트 과정에 들어갔을 때 한창 3D라는 말이 유행했다. 나라고 왜 힘들고 위험하고 더러운 것을 몰랐겠는가. 어떤 과를 가야 편한지 잘 알고 있었고, 실제로 그런 전공을 하고 싶은 유혹도 있었지만 꾹 참고 외과를 선택한 것은 오로지 단 하나, 선교지에서는 외과의사가 가장 필요하다는 어느 선배 의료 선교사의 밀 한마디 때문이었다.

전공의 과정은 결코 쉽지 않았다. 신앙을 잃어버릴 뻔한 순간도 있었고, 매일매일 영적인 전투에서 패배하고 진흙탕에 처박힌 처참한 몰골로 세월을 보낸 적도 있었다. 정말 어렵게 외과의사가 되었고 이제 두 달 후면 10년을 기다려 온 선교지로 간다. 나는 당시 만지면 손이 델 듯이 열정 하나로 활활 타오르고 있었다. 마치 자동차 시동을 걸고 기어 중립 상태에서 엑셀을 끝까지 밟아 RPM이 최고로 올라간 그런 상태였다. 기어를 넣고 클러치만 떼면 말 그대로 급발진해서 튀어나갈 그런 태세였던 것이다.

"하나님, 몽골로 보내만 주십시오. 제가 대한민국 외과의사의 실력을 제대로 발휘해 보겠습니다. 아픈 사람들을 다 고쳐 주겠습니다. 그동안 전공의 생활 중에 술 먹고 엉망으로 살던 것 다 만회하겠습니다. 슈바이처처럼 좋은 의사가 될 것이고, 아침부터 저녁까지 수술하며 저의 모든 정열을 불태우겠습니다."

그런데 하나님은 그 마음을 내려놓으라고 말씀하셨다. 책을 읽어도 말씀을 읽어도 기도를 해도 한결같이 외과의사이기를 포기하라고 말씀하셨다. 몽골에 가서 아무 일도 하지 말라시는데 도무지 납득할 수 없었다. 하나님께 따지고 물었다.

"하나님, 제가 하려는 게 잘못이 아니지 않습니까. 복음 전하고 아픈 사람들 고쳐 주라고 저를 외과의사로 만들어 주신 것 아닌가요? 하나님, 지금 저 가지고 장난치시는 거예요? 제가 잘못 들은 거죠?"

보름 가까이 이 문제로 하나님과 씨름하던 어느 날 새벽 큐티 시간이었다. 하나님은 누가복음 10장 38-42절의 마르다와 마리아의 이야기로 내게 말씀하셨다. 예수님과 제자들이 여행 중에 마르다와 마리아 자매가 사는 마을에 들렀고, 마르다가 예수님을 집으로 초대했다. 그런데 마리아는 예수님의 발치에 앉아서 주님의 말씀을 들었고, 마르다는 여러 가지 접대 준비로 바빴다. 마르다는 예수님에게 동생 마리아가 홀로 바쁘게 준비하는 자신을 거들어 주지 않는다고 불평하며 마리아더러 자신을 도와주라고 말씀해 달라고 요청한다. 그러자 예수님은 마르다에게 말씀하셨다. 그 말씀은 정확히 내게 하시는 말씀이었다.

"주께서 대답하여 이르시되 마르다야 마르다야 네가 많은 일로 염려
하고 근심하나 몇 가지만 하든지 혹은 한 가지만이라도 족하니라 마
리아는 이 좋은 편을 택하였으니 빼앗기지 아니하리라 하시니라"(눅
10:41-42).

분주, 많은 일, 염려, 근심… 어느 것 하나 내게 해당되지 않는 단어가
없었다. 나는 30년 동안 주님 안에 있었지만 단 한순간도 분주하지 않은
적이 없었고 염려와 근심을 내려놓은 적이 없었다. 늘 많은 일로 분주하
면서 사역을 위한 것이라고 위안 삼았고 오히려 바쁜 것을 즐기고 있었
다. 그런데 정작 너무 바빠서 주님을 잊고 산 적도 많았다.

주님은 내게 이렇게 물으셨다.

"지난 시절을 그렇게 살아왔는데, 몽골에 가서도 전처럼 살려고 하니?
이제는 빼앗기지 않을 한 가지만 잡고 가지 않겠니?"

나는 주님 앞에 무릎 꿇고 항복할 수밖에 없었다.

"네, 그렇게 하겠습니다."

그렇게 조용히 순종의 고백을 하는 순간 영안이 열리며 누가복음의 이
말씀이 내 영혼 깊숙이 박혀 들어왔다.

마르다는 분명히 선한 동기로 시작했을 것이다. 예수님이 자기 집에 방문했으니 해드리고 싶은 것이 얼마나 많았겠는가. 하지만 그것은 예수님이 원하던 것이 아니었다. 예수님은 마르다의 음식 접대가 아니라 그의 전인격을 원하셨던 것이다.

나도 마르다처럼 내가 할 수 있는 것, 내가 하고 싶은 것, 내가 인정받을 수 있는 것으로 주님을 섬기려 했다. 내가 환자도 많이 고치고 의료 선교도 잘해서 주님께 한상 잘 차려 드릴 테니 주님은 잠자코 앉아서 내가 차려 주는 상이나 받으시면 됩니다, 이런 식이었다. 바꾸어 말하면 나는 주님께 내 방식의 사랑을 강요하고 있었던 것이다. 주님이 내게 무엇을 원하시는지는 안중에도 없이 말이다.

이것을 깨닫는 순간 얼마나 많이 울었는지 모른다. 주님은 참으로 오랜 시간 마르다가 부엌에서 음식을 준비하며 달그락거리는 소리를 들으며 묵묵히 기다리시던 것처럼 나를 기다려 주셨다.

"주님을 너무 오래 기다리시게 했습니다. 죄송해요, 주님…."

그리고 나니 내 안에 있는 마르다의 모습이 하나 둘 보이기 시작했다.

마르다가 혼자서 음식을 준비하다가 화가 나서 주님께 가서 따진다.

"저 혼자 이러고 있는 게 주님은 보이지 않으세요? 저 일하고 있는 것 좀 봐주세요. 여기요 여기…."

그 모습이 바로 내 모습이었다. 항상 사람들에게 인정받기 원했고 보이길 원했다.

마르다가 끝까지 혼자서 음식을 준비해 맛있는 상을 차려 냈다면 그 자체로 주님 앞에 아름다운 헌신과 예배가 되었을 테지만 마르다는 그러지 못했다. 마르다의 관심은 인정받고 보이는 것에 있었기 때문이다. 내가 그동안 주님께 했다고 하는 봉사와 사역도 이와 별반 다르지 않음을 고백하지 않을 수 없었다.

마지막으로 주님께서는 내게 헌신의 동기를 물어 보셨다. 마르다가 정말 순수한 마음으로 주님을 초대하고 음식을 차리다가 일손이 모자랐다면 마리아를 조용히 불러서 도와 달라고 했어야 한다. 하지만 마르다는 그렇게 하는 대신 예수님을 찾아가 고자질하며 혼내 주라고 말했다. 마르다의 동기가 순수하지 않음을 보여 주는 대목이다. 항상 비교하고 경쟁적으로 사역하고 남이 더 잘 되는 것을 보지 못하는 나의 모습과 다를 바가 없었다. 헌신의 동기를 물으시는 주님 앞에 나는 며칠 동안 금식하며 회개의 시간을 가져야 했다.

그리고 마침내 나의 모든 계획과 생각, 열심을 내려놓고 하나님께 기도했다.

"하나님, 지금까지 저는 제 방식대로 주님을 사랑하고 섬겼습니다. 이제는 주님이 원하시는 대로 주님을 섬기고 사랑하겠습니다. 주께서 원하시면 외과의사로 일하는 것을 포기하겠습니다. 주님이 원하시는 한 가지, 그것은 저와의 관계임을 알았습니다. 그것 하나를 붙잡고 가겠습니다. 인정받으려는 것, 보이려는 것, 비교하는 것, 내 산성을 쌓는 모든 일을 포기하겠습니다. 하나님, 제가 제 안의 마르다를 온전히 죽이고, 마리아로 거듭나도록 도와주십시오."

마리아의 위대함을 다시금 묵상해 본다. 마리아라고 주님께 음식을 차려드리고 싶지 않았겠는가. 그토록 사랑하는 주님께 뭐라도 해드리고 싶은 열망이 있었음에도 그것을 내려놓고 주님 발아래 앉아 그분의 음성에 귀 기울인 마리아의 위대한 순종에 나는 오늘도 도전을 받는다. 나도 빼앗기지 않을 한 가지를 선택하고 평생 하나님을 섬기겠노라고 다시 한 번 다짐해 본다.

> "마리아는 이 좋은 편을 택하였으니 빼앗기지 아니하리라 하시니라"
> (눅 10:42).

외과의사이기를 포기하겠습니다!

하나님은 누가복음 10장의 마르다 자매의 사건을 통해 내 모습을 보여 주셨고, 기어이 항복 선언을 받아 내셨다. 그 순간 아주 오랫동안 내 영혼을 짓누르고 있던 고질병이 떠나간 듯 가벼워지고 맑아지는 기분이었다. 이후 더 깊이 말씀을 묵상할 수 있었고 기도에 힘이 나기 시작했다. 어차피 하나님께 드리려고 외과의사가 된 것인데 그 일을 하면 어떻고 안 하면 어떤가. 아예 의사이기를 포기할 수도 있다는 고백을 하고 나자, 하나님은 내게 구체적인 행동을 원하셨다. 사실 하나님께 항복도 하고 내려

놓는다고도 했지만 마음속에 두 가지를 숨겨 놓고 있었다. 전지전능하신 하나님은 그것까지도 포기하라고 계속 요구하셨다.

연장이 없으면 목수가 아무 일도 할 수 없듯이 외과의사에게도 연장이 필요하다. 나는 이미 내가 가서 일할 몽골의 병원에는 쓸 만한 연장, 즉 수술기구가 없다는 것을 알고 있었기에 대학병원을 나오기 2년 전부터 부지런히 수술기구를 모으고 있었다. 수술기구가 워낙 비싸서 새것을 살 능력은 없고, 여러 과에서 쓰다가 못 쓸 지경이 되어 폐기처분하는 것들을 수술실 간호사들에게 부탁해서 조금씩 모으고 있었던 것이다. 거의 고물이나 다름없지만 찬밥 더운밥 가릴 처지가 아니었기에 그것이라도 모아다가 몽골에서 쓰자 싶어 2년 동안 모은 것이 꽤 많았다.

또 한 가지는 복강경 수술 기계였다. 1999년과 2000년에 몽골을 다녀오면서 그곳의 외과에서 당시 가장 필요한 것이 복강경 수술이라는 것을 알게 되었기 때문이다. 복강경 수술 기계가 워낙 고가여서 족히 3,000만 원은 필요했다. 레지던트 신분에 새것은 엄두도 낼 수 없고, 대신에 여러 중고 의료기 업자들에게 부탁해서 10년 된 비디오스코프(videoscope), 5년 된 라이트소스(light source)와 가스 인서플레이터(gas insufflator) 등으로 구색을 맞추어 500만 원 정도에 살 수 있도록 주문해 놓은 상태였다. 레지던트를 마칠 때 받은 퇴직금 400여 만 원을 탈탈 털어서 복강경 기계를 살 계획을 하고 국군군의학교에 들어간 것이다. 지금 돌아보면 그 고물 기계를 사 가지고 가봤자 얼마 쓰지도 못하고 고장 나서 버렸을 텐데, 그때는 몽골에 가서 열심히 일할 생각에 눈이 멀어 물불 안 가리고 준비한 것이다.

하나님은 "네가 정말 외과의사로서 일할 것을 포기한다면 네가 준비하고 있던 것도 다 포기하라"고 요구하셨고, 나는 구체적인 순종의 행위로서 그것들을 내려놓아야 했다. 훈련 중 잠시 휴가를 나왔을 때 그간 고이고이 모셔 둔 한 박스 분량의 수술기구를 과감하게 쓰레기통에 버렸고, 의료기 업자들에게 취소 전화를 걸었다.

"아니, 그게 무슨 말씀입니까? 애걸복걸할 때는 언제고 이제 와서 취소라뇨?"

"차라리 잘 됐습니다. 그것 가지고 가봐야 얼마 못 쓸 텐데 안 사길 잘 하는 겁니다. 하도 부탁해서 준비는 했지만 파는 입장에서도 좀 난처했거든요."

업자들은 대체로 황당해했다. 내가 2년 동안 부탁하고 부탁해서 겨우 구색을 맞춰 놓았는데 갑자기 안 사겠다고 하니 충분히 예상할 수 있는 반응이었다. 어떤 이는 욕설까지 퍼부었고, 어떤 이는 차라리 잘 됐다고 오히려 미안해했다.

나는 이렇게 내 나름대로 준비했던 것들을 다 내려놓았다. 뭐랄까, 완전히 무장해제를 당한 기분이었다. 그런데 신기하게도 이 모든 것들을 포기하고 나니 도리어 가야 할 길이 훨씬 더 분명해 보였다. 이제는 수술을 하고 싶어도 할 수 있는 무기가 없기에, 역설적으로 빼앗기지 않을

단 한 가지, 주님과의 관계에만 집중할 수 있었다. 주님과의 관계를 방해하는 모든 장애물이 제거된 것이다. 우리는 너무도 많은 곁가지들 때문에 정작 잡아야 할 것을 놓치고 있는지 모른다.

10주간 하나님 앞에 머무르며 가지치기를 한 후에 일상으로 복귀했다. 곧바로 몽골로 떠나기 위한 구체적인 준비를 시작했다.

몽골로 떠나기 보름 전쯤 하나님의 놀라운 반전의 역사가 시작됐다. 내가 중고 복강경 수술 기계를 주문했다 취소한 한 업체의 사장님이 가쁜 목소리로 전화를 했다.

"지난번에 중고 기계 취소한 것이 계속 마음에 걸려서 여기저기 업체를 알아보고 있었는데 좋은 조건에 새 기계를 살 수 있을 것 같아요. 엠지비에서 새 복강경 기계와 기구 일체를 500만 원에 주겠답니다. 시가 2,500만 원짜리예요. 대금도 일시불이 아니라 천천히 되는 대로 지불해도 되고요."

엠지비라는 업체는 당시에 국내 최초로 국산 복강경 수술 기계를 개발한 곳이었다. 나는 내 귀를 의심했다.

"정말입니까?"

"그럼요. 이런 기회는 다시 없으니 꼭 사세요."

그 업체 사장님이 도리어 흥분된 목소리를 감추지 못하며 이 기회를 놓치지 말라고 했다.

이것이 얼마나 좋은 기회인지 잘 알았지만 이미 하나님께 내려놓은 일이기에 마음을 진정하고, 연세의료원의 연세친선병원후원회에 사정을 말했다. 나는 그때 처음 세브란스병원에 발을 들였고, 후원회장이던 연세대학 외과의사이신 황의호 교수님과도 처음 만났다. 교수님은 몽골의 연세친선병원에는 수술실도 없고, 몽골의 의료 수준으로 어떻게 복강경 수술을 하느냐고 말도 안 되는 얘기라고 하셨다. 그렇지만 기계가 너무 싼데다 그 해 예산이 마침 500만 원 정도 남았으니 기계를 사 주겠노라고 하지 않는가. 할렐루야!

그때 하나님이 왜 그것을 다시 사 주시는지 몰랐지만 마냥 기뻤다. 내 돈 500만 원을 들여서 고물 중고를 사 가려다가 주님의 말씀에 순종해 다 내려놓았더니 하나님은 훨씬 더 좋은 것을 거저 주셨으니 말이다. 참으로 놀라운 하나님의 섭리였다.

몽골로 가기 4일 전에 또 하나의 깜짝 선물을 받았다. 황의호 교수님의 소개로 솔코라는 수술기계 전문업체에서 수술기구 풀세트 2세트분을 몽골에 기증하기로 했다면서 와서 받아 가라는 것이었다. 시가로 거의 2,000만 원어치나 되는 것이었다. 그 회사에 가서 반짝반짝 빛나는 새 기구를 한 아름 받으면서 하나님의 신묘막측하심에 눈물이 앞을 가렸다.

"이는 내 생각이 너희의 생각과 다르며 내 길은 너희의 길과 다름이니라 여호와의 말씀이니라 이는 하늘이 땅보다 높음같이 내 길은 너희의 길보다 높으며 내 생각은 너희의 생각보다 높음이니라"(사 55:8-9).

하나님은 아주 조그만 것으로 순종하고 포기하는 자에게 그것에 비할 수 없는 하늘의 것으로 갚아 주시는 분이다. 내 길이 더 좋아 보인다고, 내 생각이 맞는 것 같다고 그분의 길과 생각을 따르지 않는 사람처럼 바보 같은 사람도 없다.

part 2.

가슴 뛰는 인생.

내 인생 최고의 시간을 하나님께

내 인생 최고의 시간을 하나님께 드리고, 몽골의 온갖 오지를

말을 타고 헬리콥터로 산 넘고 물 건너

복음을 전하러 다닐 수 있었던 것은 30대였기에 가능했던 일인 것 같다.

10대와 20대들에게 부탁하고 싶다.

청년의 때를 낭비하지 않았으면 좋겠다.

우리 모든 인생의 시간이 다 소중하지만

특별히 청년의 때를 하나님께 드린다면 하나님께서 더 기뻐하실 줄 믿는다.

사탄은 아킬레스건을 공격한다

나는 시골에서 1남 3녀의 막내로 태어났다. 딸만 내리 셋을 낳다가 뒤늦게 얻은 귀한 아들이었다. 그렇게 귀한 아들이 공부도 잘하니 나는 한마디로 내세울 것 없는 집안을 일으켜 세울 희망이었다. 많이 배우지도, 많이 가진 것도 없는 집안이었지만 나는 부모님의 사랑을 많이 받고 자랐다. 당신들은 안 먹고 못 입어도 당신들의 희망이요 삶의 목표인 나를 위해서라면 아끼지 않으셨다. 부모님의 극진한 사랑에 보답하기 위해서라도 나는 열심히 공부했고 부모님 말씀을 거역하지 않으려 노력했다.

내가 지금까지 부모님께 가장 효도한 일은 의과대학에 간 일일 것이다. 그때 기뻐하시던 부모님의 모습을 잊을 수가 없다.

내가 부모님께 모든 것이었듯이 내게도 부모님은 하나님 다음으로 모든 것이었다. 그래선지 항상 내 마음 한구석에는 부모님을 향한 감사와 부담이 교차한다. 나는 결혼할 때 아내에게 이런 말을 했다.

"나중에 혹시라도 고부간에 갈등이 생기면 나는 무조건 부모님 편을 들 거야. 그건 당신이 이해해 주길 바라. 살아 계실 동안은 아무리 부모님이 잘못하셔도 무조건 부모님이 옳으신 거야. 그분들이 나한테 어떻게 했는지는 당신한테 누누이 말했으니까 이 부분만큼은 당신이 이해하고 양보해 주었으면 좋겠어."

의과대학 1학년 때 만난 아내는 산부인과 전문의다. 늦게 낳아 어렵게 기른 아들이 의사가 되더니 의사 며느리까지 데려왔으니 부모님이 얼마나 기쁘고 자랑스러웠겠는가. 내심 이제 남부러울 것 없다고, 남은 여생 호강하며 살겠다고 생각하셨을 것이다. 나도 그 마음을 모르지 않았다.

"나는 전문의 되자마자 몽골에 선교사로 갈 거예요."

레지던트 1년 차 때부터 나는 틈만 나면 가족에게 이렇게 말했다. 그때까지 교회 문턱조차 밟아 본 적 없던 부모님으로선 나의 말은 마른하늘에 날벼락이었고 믿던 도끼에 발등 찍히는 것이었다.

"뭐라고? 이런 불효막심한 놈이 있나. 그게 지금 늙은 부모한테 할 소리냐? 가려거든 부자의 연을 끊고 가거라."

아버지는 노발대발하셨다. 역정을 내시기는 어머니도 마찬가지였다.

"이 노인들을 두고 가긴 어디를 간다는 게야? 내 눈에 흙이 들어가기 전에는 아무데도 못 간다, 못 가!"

때로 으름장을 놓는가 하면 때론 사정을 하고 때론 누님들까지 나서서 혼을 냈다. 정말 쉽지 않은 시간들이었다.

"이렇게까지 해야겠어? 부모님이 앞으로 살면 얼마나 사시겠어? 부모님 돌아가신 다음에 가도 되잖아."

주변의 어른들까지 나서서 한사코 말릴 때는 내 마음도 흔들렸다. 그러나 1년이 지나고 2년이 지나고 점차 시간이 흐르면서 가족도 서서히 포기하기 시작했다. 저 불효막심한 녀석은 씨알도 안 먹힌다고, 진짜로 가긴 가려나 보다 하시더니 4년 차쯤 되었을 때는 그러다 몽골에 못 가면 어떡하느냐고 도리어 염려까지 하셨다.

선교지로 떠나려고 준비하는 많은 청년들이 자신의 계획을 부모님에게 가장 늦게 말씀드리는 것을 자주 본다. 심지어 교회에서 파송예배까지 드리고, 출국 날짜까지 잡아 놓고도 아직 부모님께 말씀드리지 못했다는 분도 더러 있다. 하지만 내 생각에 그것은 흔한 말로 부모님을 두 번 죽이는 일인 것 같다. 어떠한 경우라도 가장 먼저 가족에게 알려야 한다. 어려우면 어려울수록 더 일찍 말해서 가족이 마음의 준비를 하도록 시간을 주어야 한다. 더 나아가 가족이 동의하고 중보해 주는 후원자가 되도록 해야 한다. 물론 끝내 동의를 얻지 못한 채 가족의 반대를 무릅쓰

고 나가야 하는 경우도 있지만, 하나님은 우리가 자녀 된 도리를 다할 때
더 기뻐하실 거라 믿는다.

　2001년 1월에 국제협력의사로 몽골에 가는 것이 최종 확정되고, 5월
25일 출국 날짜가 정해졌다. 그런데 전혀 예상치 못한 난관에 봉착했다.
나는 2월 25일자로 모든 레지던트 과정을 마치고 국제협력의사로서 몽
골에 나가기 전에 마쳐야 하는 10주간의 훈련을 받으러 국군군의학교에
들어가기로 되어 있었다. 대학병원을 사직하기 전에 레지던트 신분이면
가족 할인이 되니까 퇴직금으로 모든 가족의 건강검진을 예약했다. 검사
결과 다른 식구들은 큰 이상이 없었다.
　2월 22일, 그러니까 훈련에 들어가기 3일 전에 마지막으로 아버지가
검진을 받았다.
　"외과의 박관태 선생님은 지금 곧 검진센터로 와 주세요."
　근무 중이었는데 나를 찾는 안내방송이 들렸다.
　'검진센터라고? 아버지한테 이상이 있나?'
　안내방송을 듣는 순간 머리칼이 곧추 서서 부리나케 검진센터로 달려
갔다.
　"저 찾으셨어요? 무슨 일이죠? 혹시 저희 아버지한테 이상한 게 발견
됐나요?"
　"네, 그렇습니다. 위암이 의심되는데 아무래도 조직검사를 해봐야 할

것 같습니다."

내시경을 하던 의사의 말을 듣는 순간 너무 놀라 아무 말도 못했다. 정신이 아득했다.

"많이 놀라셨나 보군요. 괜찮으세요?"

"아, 네…."

나는 담당 의사의 목소리에 간신히 정신을 차렸다. 이러고 있을 때가 아니었다. 응급으로 조직검사를 의뢰했다. 결과를 기다리는 내내 얼마나 애가 타던지 입술이 바짝바짝 말랐다.

'암이면 어떻게 하지? 얼마나 진행된 걸까? 아버지는 수술을 잘 견뎌 낼 수 있을까?'

여러 가지 생각으로 머리가 복잡했다. 아들이 의사라면서 아버지가 이지경이 되도록 몰랐다는 사실에 자책감이 몰려왔다.

검사 결과 위암으로 확진이 났다. 서둘러 수술 준비를 했다. 그때 아버지의 나이 78세였다. 훈련에 들어가기 하루 전인 2월 24일에 나는 아버지의 위 절제술을 위해 수술에 참여했다. 무슨 얄궂은 운명인지 외과의사 아들이 입대 전날 아버지의 위암 수술을 하다니 기가 막힐 노릇이었다.

단 하룻밤 간병을 하고, 새벽에 기차를 타러 가기 전에 아버지께 복음을 전했다. 그 후 4주간은 전화도 아무 연락도 할 수 없었다. 아버지는 잘 회복되고 있는지, 암은 몇 기나 되는지 궁금해 견딜 수가 없지만 방법이 없으니 훈련소에서 속절없이 시간을 보낼 수밖에 없었다.

하나님은 그때 내게 참 많은 것을 말씀하시고 훈련시키셨다. 외과의사이지만 아무것도 할 수 없고, 어떤 소식도 전해들을 수 없는 상황으로 밀어 넣으시고는 오직 기도 외에는 할 것이 없도록 나를 몰아세우셨다. 처음에는 너무 고통스럽고 미칠 것 같았는데 시간이 지나면서 잠잠히 말씀하시는 하나님의 음성을 들을 수 있었다. 내가 할 수 있는 것이 아무것도 없음을, 진정으로 하나님께 맡기는 것이 어떤 것인지를 배울 수 있었다.

4주 후에 처음으로 외박을 나와서 잘 회복되고 있는 아버지를 뵐 수 있었다. 내가 없는 동안에도 교회의 순식구들이 계속 심방을 해주어 부모님 모두 주님을 영접한 후였다. 얼마나 감사하던지 눈물이 핑 돌았다.

"주님, 감사합니다. 부모님의 구원을 위해 13년을 기도했는데 드디어 응답하셨군요. 그 눈물의 기도를 잊지 않으시고 하나님의 때에 구원해 주셔서 정말 감사합니다. 저희 부모님이 주님의 자녀로서 잘 자라 갈 수 있도록 도와주십시오."

집안의 반대를 무릅쓰고 혼자서 신앙생활을 하며 부모님의 구원을 위해 기도하던 13년이 주마등처럼 스쳐 지나갔다.

두 달여가 지나고 몽골로 떠나야 할 때가 되었다. 2001년 5월 25일, 그날은 우리 둘째의 돌이기도 했다. 아침에 돌상을 받고 부모님께 절을 올린 뒤 서둘러 공항으로 갔다. 수술 후 아직 제대로 된 식사조차 못 하는 야윈 아버지를 칠순 노모에게 맡기고 선교지로 떠나는 것은 참으로

2001년 5월 둘째의 돌 상을 받고 부모님께 절을 올린 뒤 몽골로 떠났다.

고통스러운 일이었다. 배웅 나온 가족과 순식구들 앞에서는 애써 웃음을 지었지만 속으로는 심장이 찢기는 것처럼 고통스러웠다. 나를 외과의사로 키워 내기까지 부모님이 얼마나 고생하셨는지 누구보다 잘 알면서도 이렇게밖에 할 수 없는 나 자신이 용납되지 않아 너무나 힘들었다.

'사탄이 내 아킬레스건을 치는구나. 여기서 굴복하면 분명히 더 큰일이 생길 것이다. 내가 못 가게 되는 또 다른 일…. 그래, 여기서 발목 잡히면 안 돼. 마음은 아프지만 이것은 그냥 내가 넘고 가야 할 문제야.'

사탄도 나의 가장 연약한 부분을 잘 알고 있었고, 하나님도 그것으로 테스트하신 것이라는 생각이 들었다. 그래서 나는 더 이를 악물고 뒤돌아보지 않고 비행기를 탔다. 그때 심정이 아브라함이 이삭을 드리는 마음과 같았다고 하면 과장일까?

창세기 22장을 보면 아브라함이 이삭을 데리고 모리아 산으로 올라가는 장면이 나온다. 이때 아브라함의 심정이 어땠을까? 짐작컨대 참 복잡하고 어려웠을 것이다. 그렇기에 창세기 기자는 아무런 부연 설명 없이 영화의 한 장면처럼 아들을 죽이러 가는 아버지의 심정을 이렇게 표현했으리라.

"제삼일에 아브라함이 눈을 들어 그곳을 멀리 바라본지라"(창 22:4).

지금 돌이켜보면 우리가 믿음의 발걸음을 떼고자 할 때, 오랜만에 결단하고 하나님의 뜻에 순종하고자 할 때 그렇게 하지 못하도록 방해하는 환경과 상황이 항상 닥친다. 그냥 아무 생각 없이 살 때는 사탄도 우리를 가만히 내버려두지만, 하나님의 뜻대로 살려고 하면 결코 가만두지 않는다. 그래서 첫걸음을 떼기가 어렵다. 선교지에 나가려다가도 가정 문제 때문에, 건강 문제 때문에, 직장 문제 때문에 못 나가게 됐다며 빨리 해결하고 가겠노라고 하는 사람들을 종종 본다. 그런 사람들은 결국 한 발자국도 못 뗀다. 왜냐하면 그 문제를 해결하고 나면 반드시 더 어려운 문제가 기다리고 있기 때문이다.

상황과 환경에 붙잡히기 시작하면 우리는 끝이 없는 상황과의 싸움을 해야 한다. 결코 '이 문제만 해결하면 될 것'이라는 생각은 통하지 않는다. 대개 사탄은 처음에 가장 약한 부분을 공격하게 마련이다. 그때 그 문제를 하나님께 맡기고 과감하게 예수님만 바라보며 나아가야 한다.

믿음으로 시작한 발걸음은 믿음으로 마쳐야 한다. 그것은 주님께만 초점을 맞출 때 가능하다. 그렇지 않으면 물 위를 걷다가 파도를 보고 바다에 빠져 허우적거리던 베드로처럼 문제들로 허우적거리다가 우리의 젊음과 처음 헌신을 잃어버릴지도 모른다. 베드로는 바다에서 잔뼈가 굵은 어부다. 물 위를 걸을 수 없다는 것쯤은 잘 알고 있었고, 누구보다 물에 대해 잘 알고 있었기에 역설적으로 물을 가장 무서워했을 것이다.

"오라 하시니 베드로가 배에서 내려 물 위로 걸어서 예수께로 가되 바람을 보고 무서워 빠져 가는지라 소리 질러 이르되 주여 나를 구원하소서 하니"(마 14:29-30).

그러나 주님이 오라 하셨으면 그냥 가면 된다. 말씀만 붙잡고 예수님께 초점을 맞출 때 우리는 물 위를 걸을 수 있다. 말씀을 붙잡고 가는 것이 믿음이다.

"예수께서 즉시 손을 내밀어 그를 붙잡으시며 이르시되 믿음이 작은 자여 왜 의심하였느냐 하시고"(마 14:31).

지금 돌아보면 내가 선교지에 나가서 치른 대가는 아무것도 없었다. 오로지 하나님의 은혜, 하나님의 능력, 하나님을 알게 하신 것, 헤아릴 수 없이 많은 커다란 선물 보따리밖에 받은 것이 없다. 대가를 치렀다면 그 것은 가족이, 특히 부모님이 대신 치렀다.

인간적으로 보면 갑자기 발견된 아버지의 위암은 내가 선교지로 갈 수 없는 충분한 이유였다. 하지만 믿음으로 하나님께 내어 맡기고 결행을 했고, 그러자 하나님이 친히 아버지를 돌보셨다. 보통 위암 수술을 하면 위가 조그마해져서 밥도 잘 못 먹고 골골하게 된다. 그런데 아버지는 잘 회복되어 그 연세에도 정상인처럼 밥도 한 공기씩 뚝딱 드시고 전보다 더 건강하게 지내셨다. 만일 내가 선교지를 포기하고 남아서 아버지를 돌보았다면 십중팔구 일반적인 위암 환자의 코스를 밟았을 것이고, 그랬다면 아버지는 남은 여생을 병마와 싸우며 사셨을 것이다. 그러나 하나님께 맡기니 친히 돌보셔서 이전보다 더 건강하게 지낼 수 있었다. 그러니 시험을 이겨 낸 것이 얼마나 다행이란 말인가. 그런 믿음과 지혜를 주신 하나님께 진심으로 감사드린다.

> "시험을 참는 자는 복이 있나니 이는 시련을 견디어 낸 자가 주께서 자기를 사랑하는 자들에게 약속하신 생명의 면류관을 얻을 것이기 때문이라"(약 1:12).

드디어 몽골로

아내와 네 살배기 딸, 첫돌을 맞은 둘째, 이렇게 네 식구가 몽골행 비행기에 올랐다. 그런데 막상 비행기가 움직이기 시작하니 내 안에 두려움과 염려가 엄습했다.

'내가 하나님의 음성을 잘 들은 것일까?'

'나를 정말 선교사로 부르신 것이 맞나? 하나님은 나를 부르시지 않았는데, 나 혼자 좋다고 가는 것은 아닐까?'

별안간에 이런 생각이 들면서 두려움이 확 밀려왔다. 한 가정의 가장으로서 몽골로 식구들을 데려왔는데 과연 잘 살 수 있을까, 힘들지는 않을까 하는 걱정이 앞설 법도 한데 이런 생각은 눈곱만큼도 들지 않았다.

주님께서 여러 번 확인해 주셨고, 나 자신도 수없이 선교사로 가겠노라고 헌신해 놓고도 막상 떠나는 순간에 왜 이런 의심이 든단 말인가. 내가 이토록 연약하기에 하나님은 내가 몽골에 도착하자마자 말씀을 보든 기도를 하든 계속해서 부르심의 확신을 강조하셨다.

서울을 출발한 지 3시간 뒤에 몽골에 도착했다. 내가 선교사로 가겠노라고 헌신한 지 11년 만에, 몽골 땅을 놓고 기도한 지 6년 만에 그 땅을 밟게 된 것이다.

11년 전 스무 살 때 드리던 기도가 생각났다. 1990년에 경배와찬양 팀원으로 대만에 갔을 때였다. 마침 그곳에서 성인식을 맞아 팀원들의 축복을 받으며 나는 이렇게 기도했다.

"하나님, 저의 20대를 하나님께 드립니다. 앞으로 10년간 의사로, 선교사로 잘 준비되게 하시고, 30대에는 꼭 선교지로 갈 수 있도록 해주십시오. 저의 젊음을 받아 주십시오."

그때의 기도대로 20대를 정말 열심히 살았다. 의과대학 6년, 인턴 1년, 레지던트 4년. 그리고 전문의가 되었을 때 10년 전에 드린 기도를 이루어 주신 하나님께 감사 드렸다. 한때 방황도 하고 그 기도를 잊고 살기도 했지만 신실하신 하나님은 단 한순간도 졸지도 주무시지도 않으며 내 삶을 인도해 주시고 보호해 주셨다. 내 꿈도 불면 깨지랴 보호해 주셨다.

그래서 나는 학창 시절에 멋모르고 한 헌신이 헛된 것이 아니라고 생각한다. 누군가는 젊은 혈기로 헌신을 다짐하고, 누군가는 순간의 감정으로 헌신할 수 있지만, 그럼에도 그때의 헌신은 참 귀하다.

꿈을 일구며 사는 것만큼 행복한 삶도 없다. 부르심의 소망을 따라 사는 삶만큼 가치 있고 후회 없는 삶도 없다. 하나님께 쓰임 받으며 사는 삶만큼 고귀한 삶도 없다. 나는 이왕 드릴 거라면 젊었을 때, 가장 좋은 때 드리는 것이 하나님이 더 기뻐하시는 일이라고 믿는다. 물론 60-70대의 나이 지긋한 선교사님들만이 할 수 있는 일도 많고 실제로 그런 분들이 많이 필요하지만, 젊었을 때만 할 수 있는 일도 많기 때문이다.

한국 선교사는 상대적으로 서양 선교사보다 나이가 많은 편이다. 시골에서 사역하는 미국 선교사들 중에는 20대 초반의 젊은이들도 많다. 비록 짧은 시간이었지만 내 인생 최고의 시간이었던 30대 초반에 4년간을 하나님께 드리고, 몽골의 온갖 오지를 말을 타고, 헬리콥터로 산 넘고 물 건너 복음을 전하러 다닐 수 있었던 것은 30대였기에 가능하지 않았을까 싶다.

10대와 20대들에게 부탁하고 싶다. 청년의 때를 낭비하지 말라고. 인생에서 소중하지 않은 때는 없지만, 하나님은 특별히 청년의 때를 헌신하는 것을 기뻐하신다. 인생의 쓴맛, 단맛을 다 본 전도자가 이제는 사는 것에 낙이 없다고 고백하는 때가 오기 전에, 젊음의 날에 창조주를 기억

인생
감숨
뛰는   73

하라고 당부하는 것은 그냥 넘겨 버릴 말이 아니다.

10대, 20대를 하나님께 드린다면, 그 시기를 주를 위해 준비한다면, 30-40대에 하나님께서 우리 인생을 사용하실 것이다.

"세월을 아끼라. 때가 악하니라."

이 경고를 기억하기 바란다. 청년의 때는 결코 다시 주어지지 않는다. 이 귀한 시간을 PC방에서 온라인 게임 하느라 허비하지 말기를 바란다. 수많은 시간을 투자해도 그런 일로는 아무 열매도 맺지 못하며, 하나님의 뜻을 분별하지 못하게 눈을 가린 뒤 인생의 정열과 에너지를 갉아먹을 뿐이다.

왜 많은 젊은이들이 열매 없는 일에 에너지를 낭비할까? 그보다 더 재미있는 일을 발견하지 못해서가 아닐까? 역설적으로 선교가, 남을 돕는 일이 세상에서 제일 재밌는 일임을 알게 되면 저절로 열매 없는 일을 버리게 될 것이다. 그렇다면 어떻게 해야 할까? 안드레가 그랬던 것처럼 "한번 단기선교라도 가서 보라"고 말하고 싶다. 요즘 어느 개그 프로의 유행어처럼 선교가 얼마나 재미있는지 표현하고 싶은데 표현할 방법이 없네!

"세월을 아끼라 때가 악하니라 그러므로 어리석은 자가 되지 말고 오직 주의 뜻이 무엇인가 이해하라"(엡 5:16-17).

나그네 됨 배우기

처음 해보는 외국에서의 삶이 시작되었다. 아직 한국에서 부친 컨테이너가 도착하지 않아 몇 벌의 옷 빼고는 가진 것이 아무것도 없었다. 집을 구할 때까지는 호텔에서 임시로 기거하기로 했다. 몽골어 선생님도 구하고, 여러 가지 생활에 필요한 것도 하나씩 익히면서 처음 2-3개월은 정신없이 지냈다. 먼저 와 있던 내과 선배인 최인근 선생님의 도움을 정말 많이 받았다.

새로운 생활에 적응할 때 제일 중요한 것은 아마도 집일 것이다. 집을 구하느라 한 달 동안 여기저기 돌아다녔다. 마침 우리에게 몽골어를 가르쳐 주던 몽골 교수가 집을 싸게 임대해 주겠다고 하여 매달 250달러의 월세를 내기로 하고 이사를 했다. 부지런히 필요한 가구며 가전제품을 사고, 짐을 정리하고 청소를 했다. 이사를 들어간 지 한 달쯤 되니 어느 정도 살 만한 터전이 되었다. 집이 정리되니 마음도 안정되고 다른 준비들도 잘할 수 있게 되었다.

"집을 비워 주셔야겠습니다."

이제 비로소 한숨 돌리려는데 집주인이 청천벽력 같은 소리를 했다.

"아니, 무슨 말씀이세요? 집을 비워 달라니요."

너무 당황스러워 나도 모르게 큰 목소리가 나왔다.

"제가 결혼을 하게 되었는데 살 집이 없습니다. 여기 들어와 살아야겠으니 나가 주십시오."

"이거 보세요. 1년 살기로 계약하지 않았습니까. 이제 겨우 짐 정리하고 안정됐는데 다시 이사를 가라니 그게 무슨 소립니까?"

나는 계약서를 들이대며 강하게 따졌다.

"이런 거는 아무 소용없어요. 집을 비워 주든지 아니면 집세를 50불 더 올려 주든지 둘 중 하나를 택하시오."

집주인은 막무가내였다.

기가 막혔다. 한국에서는 도저히 상상도 할 수 없는 일이 몽골에서는 아무렇지도 않게 일어나는 현실을 받아들이기가 쉽지 않았다. 양자가 사인한 계약서를 들이대도 소용이 없고, 매일 와서 괴롭히는데 지금 생각해도 어려운 시간이었다.

여러 사람과 상의해 봤지만 몽골에서는 그런 계약서가 별로 의미가 없다, 고소한다고 될 일이 아니다, 이미 그런 일을 당한 선교사들이 여럿 있다고 했다. 어찌나 화가 나는지 기도하려고 무릎을 꿇고도 입이 떨어지지 않았다. 그러던 어느 주일, 예배를 드리러 교회에 갔더니 목사님이 설교 중에 이런 말씀을 하셨다.

"우리는 다 나그네 인생입니다. 나그네로 이 땅에 살고 있는 것입니다. 나그네는 때리면 맞고, 뺏으면 빼앗기는 것입니다. 그것이 나그네입니다."

그 말씀을 듣는 순간 뒤통수를 한 대 얻어맞은 느낌이었다.

'내가 나그네구나. 우리보다 못사는 나라에 와서, 내가 아무리 못산다고 해도 이 사람들보다는 몇 배 더 잘살지 하면서 은근히 이 사람들을 무시하고, 부리려고 든 건 아닌가.'

하나님께서 이런 마음을 주시는데 한편으로는 괴롭고 한편으로는 서러워서 예배 시간에 얼마나 많이 울었는지 모른다. 지금이야 우리 인생 자체가 나그네길이라는 것을 잘 배워서 괜찮은데, 그때는 난생처음 이 땅에서 때리면 맞고, 나가라면 나가야 하는 나그네라는 사실을 인정하고 배우는 것이 쉽지 않았다.

하나님의 말씀대로 이 땅의 나그네 됨을 인정하고, 하나님께서 이 집에서 나가게 하신다면 더 좋은 집을 주실 것이라는 믿음으로 집주인의 결정을 따르기로 마음먹었다. 집주인을 만나서 당신이 나가라면 나가겠으나 갈 데가 별로 없는 불쌍한 나그네라고 읍소 작전을 펼친 것이 효과가 있었는지, 열심히 기도한 것을 주께서 들으셨는지, 어쨌든 그 집에서 1년을 살 수 있게 되었다.

몽골에서는 교통경찰이 아무 일 없이 차를 잡고는 검문을 한다. 그러고는 벌금을 받든지 면허증에 구멍을 뚫는데 3개가 뚫리면 면허가 취소된다. 자국민에게는 차를 세웠다가도 그냥 보내 주면서, 외국인들은 잡기만 하면 아무 잘못이 없는데도 온갖 구실을 대며 벌금으로 5달러를 내라고 한다. 거기서 반항하면 면허증에 구멍을 뚫어 버리고는 그만 가 보라고 한다. 사실 5달러가 아무것도 아니지만 얼마나 기분이 나쁘고 억울하던지…. 살면서 별로 억울한 일을 당해 보지 않아서인지 그때 아무 잘못 없이 억울한 일을 당하는 것이 결코 유쾌할 수 없음을 처음 알았다.

내가 나그네라는 사실을 인정하라는 하나님의 말씀을 수긍하면서도 몽골의 교통경찰은 쉽게 용서되지 않았다. 불의한 사람들을 인정하기도 싫고, 그들이 요구하는 대로 뺏으면 뺏기는 것도 싫었지만, 말씀을 붙잡고 순종하기로 결단했다. 그러자 하나님은 하나님이 주시는 평안을 알게 하셨다.

몽골에 처음 가서 몹시 곤란했던 일은 둘째 아이가 아플 때였다. 몽골에 도착한 지 일주일이 지났을 무렵 둘째아이는 물을 갈아서 그랬는지 며칠 동안 심하게 설사를 하다가 급기야 항문 주변에 농양이 생기고 말았다. 항문 주위 농양은 다른 곳에 생긴 것과 달라서 응급한 상황으로 조속히 절개배농술을 해야 한다.

하루 이틀 항생제를 썼는데도 차도가 없어서 결국에는 절개배농을 해야 하는 상황에 이르렀고, 몽골에 다른 의사가 있는 것도 아니어서 직접 아이 몸에 칼을 댔다. 어른이면 척추 마취를 하고 수술해야 하지만 아이라서 그렇게 할 수도 없어 그냥 생살을 째야 했다. 그때만큼 내가 외과의사인 것이 원망스러운 적도 없었다. 이제 돌이 갓 지난 아이를 꽁꽁 매다시피 꽉 붙잡고 절개를 했더니 많은 양의 고름이 나오고, 아이는 자지러지듯 울고불고 난리가 났다. 이를 악물고 아이의 고름집을 짜 주었고 그렇게 수술을 마치고 난 다음에도 몇 번 더 치료하느라 아이를 잡아야 했다.

그것으로 끝이 아니었다. 항문의 농양이 나을 즈음 아이가 끓는 물을 발과 허벅지에 뒤집어써서 2도 화상을 입고 말았다. 화상도 외과의사의 몫이어서 또 한 번 울고불고 자지러지는 치료를 감당해야 했다. 차라리 다른 사람에게 맡겨 버리면 눈으로 보지 않으니 덜 괴로울 것 같았다. 나는 하나님께 부르짖었다.

"차라리 저를 치시지 왜 가장 어린아이에게 이런 고난을 주십니까? 왜 이 아이가 우리 집을 대표해서 힘든 고통을 겪어야 합니까?"

사탄은 교묘하게도 가장 약자인 막내를 통해 우리를 시험했다. 하지만 약 50%의 환자에게 '치루'라는 합병증을 남기는 항문 농양도 잘 치유가 되었고, 화상을 입은 다리도 아무런 흉터 없이 잘 치료되었다. 그때는 내가 직접 치료하는 것이 괴롭기만 했는데, 지금 생각하면 우연이라고 보기엔 놀랍게도 아이의 문제 두 가지가 모두 외과 영역이었던 것이 얼마나 감사한지 모른다. 내가 치료할 수 없는 병에 걸려서 신뢰할 수 없는 몽골 의사에게 맡겼다면 어떠했겠는가. 이제야 열악한 몽골의 의료 상황에서 그나마 최선의 치료를 받도록 인도하신 하나님의 손길을 이해하게 된다. 감당할 시험 외에는 허락지 않는 하나님의 신실하심에 다시 한 번 감사를 드린다.

초기 몽골 정착기에 이런 일들을 겪으면서 나는 두 가지 사실을 깨닫고 배우게 되었다. 하나는 내가 바로 이 땅의 나그네라는 사실이다. 내가 이 땅을 다스리고 조종하러 온 것이 아니라, 예수님이 가장 낮은 모습으로 죄인들을 섬기러 오셨듯이, 이 땅을 그저 섬기고 사랑하고 중보하러 온 나그네임을 뼛속 깊이 깨달았다. 때리는 대로, 빼앗는 대로, 사기 치는 대로 당할 수밖에 없는 나그네임을 하나님 앞에서 인정하고 나자, 그제야 하나님이 우리가 이 땅에서 살아갈 준비를 시키셨다는 것을 깨달았다.

다른 하나는 이 모든 상황이 유쾌하지도 편안하지도 않다는 사실이다. 한마디로 불편했다. 말도 통하지 않는 나라에서 법보다는 돈과 혈연, 인맥이 앞서는 복마전 앞에 이방인인 나는 모든 것이 불편했다. 거창하게

선교는 불편을 감수하는 일이다.
몽골은 무척이나 추운 나라다. 영하 40℃의 날씨지만 그 불편을 즐기기 시작하면 추위가 추위로 느껴지지 않게 된다.

예수님의 고난에 동참한다느니 하는 생각은 할 수도 없었다.

'선교란 불편을 감수하는 것이구나. 예수님이 지신 십자가까지 갈 것 없이 삶의 아주 작은 불편들을, 십자가를 생각하면서 감수하고 사는 것이 선교사의 삶이구나.'

그 뒤로 나는 이 불편함을 즐기기로 마음먹었다. 말이 안 통해서 어렵게 의사소통하는 것, 겨울에는 너무나 추운 것, 한국에서였다면 당하지 않아도 되는 일들을 겪을 때마다, 하나님이신 예수님이 이 세상에 오셔서 인간의 몸을 입고 사셨을 때 얼마나 불편하셨을까 생각하며 그 상황들을 즐기기 시작했다. 그러고 나니 예수님에 비하면 나의 불편은 아무것도 아니었다.

나는 이 두 가지 깨달음이 어느 선교지를 가더라도 자족할 수 있는 비결이라고 믿는다.

> "내가 궁핍하므로 말하는 것이 아니니라 어떠한 형편에든지 나는 자족하기를 배웠노니 나는 비천에 처할 줄도 알고 풍부에 처할 줄도 알아 모든 일 곧 배부름과 배고픔과 풍부와 궁핍에도 처할 줄 아는 일체의 비결을 배웠노라 내게 능력 주시는 자 안에서 내가 모든 것을 할 수 있느니라"(빌 4:11-13).

진
짜
마
리
아
되
기

몽골에 온 지 한 달 뒤부터 연세친선병원에 나가기 시작했다. 울란
바토르에 있는 이 병원은 울란바토르 시와 한국의 연세의료원이 합작해
1994년에 설립한 병원이다. 몽골에 오기 1년 반 전부터 몽골어를 준비
했고, 와서도 4주간 국립대학 몽골어과에 다니며 몽골어를 배우고 개인
교사도 붙여 열심히 배웠지만 아직 혼자서 환자를 보기에는 역부족이었
다. 그래서 통역을 두고 환자를 진료했다.

병원 생활 첫 6개월은 한마디로 하나님과의 허니문, 진짜 마리아 되기

를 실습하는 시간이었다. 이미 외과의사로서 일하는 것은 내려놓기로 마음먹고 준비해 온 기구들도 다 버린 상태였음에도, 하나님이 마지막에 기적적으로 복강경 기계와 수술기구를 준비시켜 주셔서 혹시나 하는 일말의 기대감을 가지고 병원에 나간 터였다. 하지만 병원에서는 마르다가 되고 싶어도 될 수 없을 만큼 할 일이 없었다. 하루 종일 진료실을 지키고 있어도 환자는 고작 두세 명. 그것도 거의 감기 환자였다. 어쩌다 외과 환자가 온대도 고작 고름이나 짜는 수준이었다. 이곳은 외과의사의 무덤이라던 전임 선생님의 말이 실감났다.

예전 같았으면 그런 상황을 견디지 못했을 텐데, 당시 나는 그 시간이 너무나 달콤했다. 아침에 큐티한 것을 다시 보고 또 보고, 몽골어로 다시 큐티하고, 성경 통독하고, 기도하고 그러다 보면 어느새 오전이 훌쩍 지나간다. 내 평생에 처음으로 분주한 모든 일을 내려놓고 예수님 앞에 무릎 꿇고 앉아 주님의 말씀을 듣던 시간이었다. 그리고 오후에는 몽골어 공부를 했는데 그 시간이 또 얼마나 재밌는지 몰랐다.

그때서야 나는 주님과 교제하는 법을 제대로 배웠다. 평소 큐티를 하면 15분이면 충분했다. 하지만 달콤한 말씀의 맛을 안 그때부터 한 시간씩 해도 15분 한 것처럼 짧게만 느껴졌다. 시편 119편 103절의 "주의 말씀의 맛이 내게 어찌 그리 단지요 내 입에 꿀보다 더 다니이다"라는 말씀이 이해되었다. 기도도 그랬다. 아무리 기도를 오래해도 30분만 하면 기도할 것이 없었는데, 이 시간을 통해 새로 기도 훈련을 받고 나서는 서

너 시간도 거뜬히 기도할 수 있게 되었다.

예수님과 말씀으로 만나고, 기도로 대화하는 것이 이렇게 즐겁고 달콤한 일인지 예전엔 미처 몰랐다. '아하, 마리아는 이 맛을 알았기에 마르다처럼 예수님을 접대하고 싶은 마음을 누르고 주님과 눈을 맞추고 대화하기를 원한 것이구나!'

몽골 땅에 선교사로 오면서 나는 아주 많은 일을 하겠다고 벼렸다. 하지만 그것이 얼마나 큰 착각이었는지, 얼마나 큰 교만이었는지 알게 되었다. 하나님은 우리가 일하기를 원하시는 것이 아니라 일대일로 만나서 인격적인 관계를 갖기 원하신다. "선교는 그 땅에서 좋은 크리스천으로 살다 오면 되는 것"이라던 어느 노선교사님의 말씀이 공감되고 이해되었다.

지금도 주님은 주님의 일을 하느라 너무 바쁜 많은 사역자들을 기다리고 계신다. 주님은 마르다를 기다리셨던 것처럼 이제나저제나 우리가 부엌일을 마치고 당신께 나아와 함께 교제하기를 기다리신다.

혹시 분주하게 음식을 준비해 밥상을 차려서는 주님과 함께 앉아 교제를 나누지는 않고 또 바쁘게 주님의 일을 한다면서 나가 버리지는 않는가? 마르다의 동기가 순전하지 않았던 것처럼 주님과의 진정한 만남과 예배 없이 분주하기만 한 사역은 하나님이 기뻐하시지 않는다. 그곳에는 생명이 없고 기쁨과 평안이 없으며 상처와 탈진만 남을 뿐이다.

당신 안의 마르다를 죽이고 마리아가 되기를 권한다. 하나님의 뜻이 여기에 있다고 확신한다. 내 안에 일하고 싶어 하는, 무언가를 하지 않으면 안달이 나는 마르다를 죽이는 것이 어쩌면 주님이 원하시는 자기 부인일지도 모른다. 내가 하고 싶은 것을 하는 것이 아니라 내가 져야 할 십자가를 지고 주님을 따르는 것이 진정한 제자 됨이 아니겠는가.

"또 무리에게 이르시되 아무든지 나를 따라오려거든 자기를 부인하고 날마다 제 십자가를 지고 나를 따를 것이니라"(눅 9:23).

드디어 칼을 잡다

외과의사인 것도 잊어버린 채 주님과 날마다 데이트를 하며 하루하루 기쁘게 살았다. 한국에서 복강경 수술 기계와 수술기구 등을 가지고 왔다는 사실조차 까맣게 잊어버릴 정도였다. 감기 환자를 보는 일도 감사했고, 가끔 포경수술이라도 할 일이 있으면 그것으로 감사했다.

몽골에 온 지 6개월이 지나면서 어느덧 통역 없이 몽골어로 환자를 볼 수 있게 되었다. 그러던 어느 날 몽골에서 사역 중이던 한 여자 선교사가 배가 아파서 병원에 왔다. 진찰해 보니 급성충수염, 흔한 말로 맹장염이었다. 벌써 아픈 지 이틀이 지나서 시간을 다퉈 응급 수술을 하지 않으면 안 되는 중한 상태였다.

"얼른 다른 병원으로 옮겨 수술을 받으셔야겠네요."

나는 진찰 결과를 자세히 설명하며 말했다.

"여기서 갈 데라고는 몽골 병원밖에 없는데 거기는 죽어도 가기 싫어요. 선생님도 몽골 병원의 수준이 어떤지 잘 아시잖아요."

당시 몽골의 병원에서는 맹장 수술을 하고도 더러 사람이 죽는가 하면 심각한 합병증이 생기기도 했다. 실제로 얼마 전에 한국 아이가 몽골 병원에서 맹장 수술을 받다가 죽은 일도 있었다.

"그럼 한국에 가는 수밖에 없는데요. 얼른 한국행 비행기를 알아보시죠."

"왜 여기서는 안 되나요? 그냥 여기서 선생님이 해주시면 되잖아요."

"우리 병원에는 수술실이 없어서 안 됩니다. 얼른 한국 가는 비행기를 알아보세요."

하지만 그날의 한국행 비행기는 이미 출발한 뒤였고, 앞으로 48시간 후에나 한국 가는 비행기가 있는 상황이었다. 참 난감했다. 다음 비행기를 기다려 환자를 후송하면 수술 시기를 놓칠 것 같고, 몽골 병원에 보내자니 그것도 위험하고, 연세친선병원에서 수술을 하자니 수술실도 없고 마취기도 없어 도저히 방법이 없었다.

그때 문득 '맞다. 하나님이 준비해 주신 수술기구가 있지!'에 생각이

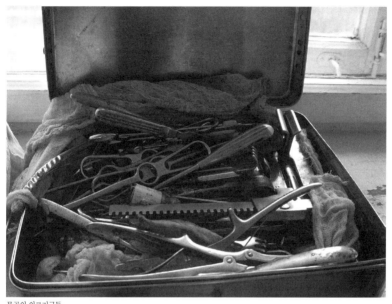

몽골의 의료기구들.
이런 더러운 기구로 수술을 하니 수술 후 염증이 많이 생긴다.

미쳤다. 나는 잠시 환자를 기다리게 하고 창고로 향했다. 한국에서 출발하기 전에 부친 것들이 박스째 주인의 손길을 기다리고 있었다. 재빨리 수술기구 박스를 풀어 맹장 수술에 필요한 기구를 챙겨 보니, 그런 대로 수술에 필요한 기구들이 갖춰져 있었다.

'그럼, 필요한 실은?'

창고에는 오래되긴 했지만 여기저기서 기증 받은 수술용 봉합사가 구비되어 있었다. 조금씩 흥분되기 시작했다.

'그렇다면 수술복, 수술포 등도 있나?'

살펴보았더니 병원의 원장님도 몰랐던 수술복 몇 벌과 수술포 등이 창고에 처박혀 있는 것이 아닌가. 그동안 창고 담당자는 언젠가 한국에서 온 것들인데 '무엇에 쓰는 물건인고?' 하며 마냥 방치했다는 것이다. 잠시 일을 멈추고 기도했다.

"하나님, 제가 다시 수술하기 원하십니까? 어떻게 해야 합니까? 저 이제 마리아가 된 것을 인정해 주시는 것입니까?"

그때 기도 가운데 주신 성령의 음성은 'Go, ahead!'였다. 며칠 전 큐티한 출애굽기의 말씀인 "가거라! 가서 내 백성 이스라엘 사람들을 이집트에서 인도해 내어라!"^(출 3:10, 쉬운성경)가 마음에 울려 퍼진 것이다.

"주께서 가라 하셨으니 가겠습니다. 길을 열어 주십시오!"

기도를 마치고 수술 준비를 했다. 수술기구, 실, 수술복, 수술포 등을 빨리 소독하고 체크리스트를 만들어 점검해 보았다. 수술대는 높낮이 조절이 안 되지만 아쉬운 대로 처치실에 있는 침대를 쓰면 될 것 같았다. 수술등이 문제였는데 환자의 상처를 봉합할 때 쓰는 백열등으로 해 보고 안 되면 랜턴으로라도 비춰서 하면 될 것 같았다. 석션기, 전기 소작기 등도 그럭저럭 쓸 만했다. 수술은 아내와 함께하면 될 것이고, 가장 중요한 마취 문제만 해결하면 되었다.

"마취 문제만 해결되면 급한 대로 여기서 수술할 수도 있을 것 같습니다."

나는 환자에게 가서 병원의 상황을 설명했다.

"마취요? 저희 쪽에 지금 조선대 의료팀이 와 있습니다. 마취과 교수님도 포함된 걸로 아는데 한번 연락해 보겠습니다."

환자를 데리고 온 목사님이 부랴부랴 연락을 취하더니 마취과 교수님과 일반 외과 과장님이 와 있는데 지금 이쪽으로 오는 중이니 조금만 기다려 달라고 했다. 할렐루야!

그때부터 침대를 가운데 놓고, 조명도 준비하고, 기구와 소독된 것을 차려 놓아 처치실을 수술실로 꾸미기 시작했다. 그럭저럭 야전병원 수술실 같았다. 그 사이에 조선대 의대 교수님들도 도착했다.

"척추 마취가 가능하겠습니까?"

"가능하고말고요. 혹시라도 쓸 일이 생길까봐 척추 마취용 스파이널 니들(spinal needle)과 마취제를 가지고 왔는데 이렇게 써먹습니다그려."

마취과 교수님은 온화한 미소를 지으며 말을 이었다.

"심전도나 산소포화도 모니터 하나 없이 오직 손목 혈압계 하나만 가지고 척추 마취를 해보기는 처음이네요. 주님의 도우심이 절대적으로 필요한 순간입니다."

모두 가슴을 졸이며 하나님의 도우심을 구했다. 드디어 마취가 되었다. 조선대 의대 외과 과장님은 기꺼이 수술을 도와주겠다며 나한테 집도하라고 해서 송구스럽게도 대학병원 외과 과장님을 모시고 수술을 하게 되었다. 모든 준비를 마치고 수술을 시작하기 전 우리는 간절한 마음으로 기도했다.

"우리와 늘 함께하시고, 하나님의 시간에 정확히 준비하시고 일하시는 하나님, 주님께서 직접 집도하시어 선교사님을 낫게 해주십시오. 외과의들의 손을 친히 붙잡아 주십시오."

나는 이 첫 수술을 기도로 시작했듯이 이후에 1,500여 건의 수술도 언제든지 먼저 기도를 드린 뒤 수술했다.

수술은 성공적으로 마쳤고 도와주신 교수님들도 기뻐하며 한국으로 돌아갔다. 환자도 입원실이 없어 주사실에서 하룻밤을 보내고 다음날 퇴원했다.

이것이 2001년 11월 20일, 국제기아대책기구 몽골지부에서 일하던, 지금도 몽골에 있는 이종현 선교사님을 수술한 경위다. 그리고 이 수술은 내가 몽골에 들어간 지 6개월 만에, 몽골 연세친선병원이 개원한 지 7년 만에 처음 수술한 것이었다.

몽골에는 많은 단기팀이 들어오지만 11월은 일반적으로 단기팀이 잘 들어오지 않는 시기다. 더구나 의료팀에 마취과 교수님이 같이 오는 경우도 흔하지 않다. 게다가 그 마취과 교수님이 척추 마취에 필요한 모든 것을 가지고 온 것은 더 흔하지 않다.

이 모든 것이 우연이라고 우기는 사람이 있을지도 모른다. 하지만 하나님은 모든 일을 우연처럼 앞뒤 톱니바퀴가 딱 들어맞게 한 치의 오차 없이 정확하게 하나님의 시간에 일하시는 놀라운 분이다. 이 모든 일을 통해 그분이 여호와라는 것을 알게 하시려고, 내가 한 것이 아니라는 것을 알게 하시려고 분명하고 뚜렷하게 일하시는 분이다.

하나님 앞에 순종하는 마음으로 한 가지를 내려놓으면 잘 보관하고 계시다가 가장 좋은 때에 엄청난 이자를 붙여서 돌려주시는 하나님은 이 세상에서 가장 좋은 은행장 아버지다. 그분에게 맡겨 놓는 것이 가장 안전한 투자다. 가장 높은 확정이율로 만기되었을 때 예금액을 돌려주신다.

이 일을 통해 배운 또 한 가지는 이것도 없고 저것도 없어서 못한다고 포기한다면 이 세상에서 할 수 있는 일은 아무것도 없다는 사실이다. 이 것도 있고 저것도 있으니, 부족한 것은 하나님께서 채우실 것을 바라며 순종함으로 나아갈 때 하나님은 하나님의 방법으로 나머지를 채워 주신 다. 그러므로 현재의 상황을 보고 불평하고 없는 것을 탓할 필요가 없다.

먼저 그 일이 하나님이 하라고 하신 일인지, 하나님의 때인지 분별하는 것이 중요하다. 그때가 바로 하나님이 일하시는 때이기 때문이다. 모세를 40년간 광야에서 준비시키시다가 때가 되었을 때 부르시고 가라고 명령하시는 그때인 것이다.

> "주의 얼굴을 주의 종에게서 숨기지 마소서 내가 환난 중에 있사오니 속히 내게 응답하소서"(시 69:17).

혹자는 그것을 기가 막힌 우연이라고, 너무 과장된 것 아니냐고 말하지만, 우리는 하나님의 인도하심은 신묘막측하다는 것을 잘 안다. 그런데 야구선수가 감독의 작전 사인을 잘 읽고 움직여야 하듯이 하나님의 'Go' or 'Don't go' 사인을 잘 읽어야 경기에서 승리할 수 있다. 하나님의 타이밍을 잘 읽고 그것에 순종하는 것이 우리가 승리하는 길인 것이다.

어떻게 하면 그 타이밍을 잘 읽을 수 있을까? 특별한 비결은 없다. 첫째, 하나님과 친하면 된다. 친해지면 속삭이는 음성도 들을 수 있다. 둘째, 죽어라고 감독님 사인에 집중하는 것이다. 왜 한국에서는 그렇게 못 살까? 그것은 가진 것이 너무 많아서, 고려할 것이 너무 많아서, 생각이 너무 많아서 딴생각하다가 감독의 사인을 못 보는 일이 생기기 때문이다.

수술을 예배로

우여곡절 끝에 몽골에서의 첫 수술을 무사히 끝마쳤다. 몽골에 간 지 6개월 만에 모세가 광야 훈련을 마치고 사역을 시작한 것처럼 하나님의 때가 되었을 때 하나님은 그분의 방법으로 길을 여셨다.

수술을 마치고 하나님께 기도했다.

"하나님, 이제 제가 수술하기 원하십니까?"

하나님은 여호수아 1장 5-6절의 말씀으로 응답하셨다.

"네 평생에 너를 능히 대적할 자가 없으리니 내가 모세와 함께 있었던 것같이 너와 함께 있을 것임이니라 내가 너를 떠나지 아니하며 버리지 아니하리니 강하고 담대하라 너는 내가 그들의 조상에게 맹세하여 그들에게 주리라 한 땅을 이 백성에게 차지하게 하리라."

그 후 본격적으로 수술을 하기 시작했다. 수술실도 없고 제대로 된 수술용 등도 없었지만 나는 최선을 다해 수술했다. 당시에는 전신 마취 수술이 불가능했기 때문에 척추 마취 수술만 할 수 있었다. 주로 치질 수술과 탈장 수술, 맹장 수술 등을 했다.

처음에는 몽골 간호사가 아무것도 몰랐기 때문에 모든 것을 나 혼자 감당해야 했다. 수술기구의 이름부터 바늘에 실 꿰는 법, 수술기구를 찾아서 주는 법, 수술을 준비하는 것까지 어린아이 가르치듯 하나하나 세밀하게 가르쳤다. 하지만 얼마간은 막상 수술에 들어가도 간호사가 아무런 도움을 주지 못했기 때문에 내가 혼자서 정맥주사를 놓고 관장을 하고 수술이 끝나면 들것으로 환자를 옮기는 것까지 모두 감당해야 했다.

나는 매 수술에 앞서 먼저 기도했을 뿐 아니라 수술하는 과정에도 끊임없이 기도했다. 수술등이 없어 수술 시야가 어둡다 보니 수술 중 피라도 나면 난감했다. 그럴 때면 일단 손가락으로 피나는 곳을 누르며 이렇게 기도했다.

"하나님, 제가 잘 지혈할 수 있도록 도와주십시오."

그러고 나서 잘 보이지 않지만 재빠르게 봉합하면 피가 멎곤 했다.

수술을 마칠 때도 안도의 한숨을 내쉬면서 기도하는 것을 잊지 않았다.

"하나님, 이번 수술도 잘 마쳤습니다. 함께해 주셔서 감사합니다."

그때 한 수술들은 내게는 일도, 사역도 아니었다. 부엌에서 음식을 준비하든지 주님 앞에 무릎 꿇고 앉아 있든지 그것은 둘 다 예배였다. 매일매일 수술하면서 내가 배운 한 가지는 수술이 곧 예배라는 사실이다. 내가 하는 것이 아니기에, 하나님의 힘으로 하는 것이기에, 하나님께 영광을 돌리기 위해 하는 것이기에, 주님과 함께 주의 오른손에 붙들려 하는 것이기에 수술의 모든 순간은 예배나 다름없었다.

예배하는 마음으로 수술을 했기에 열악한 환경 속에서도 놀라운 치료 결과를 낼 수 있었다. 200명 정도 치질 수술을 했는데 그중에 99%의 환자가 수술 당일에 퇴원했다. 아침에 수술하러 와서 오후에 수술을 받고 저녁에 퇴원하는 식이었다. 한국에서 대장항문을 전문으로 하는 병원에서도 이틀 정도는 입원을 하고 요양을 해야지 퇴원할 수 있는데 몽골에서는 수술하고 6-7시간 지나면 멀쩡하게 걸어 나갔다.

내가 한국에 있는 대장항문 전문의들보다 수술을 더 잘해서일까? 결코 그럴 수 없다. 솔직히 고백하지만 치질 수술은 레지던트 때 몇 번 해봤을 뿐이지 내가 집도해서 이렇게 많은 수술을 해본 것은 몽골에서 처음이었다.

그럼에도 불구하고 감사한 것은 그 어두운 불빛 아래서 수술하는데도 하나님은 내 눈을 열어 주시고 수술해야 할 곳, 한 바늘 한 바늘 꿰매야 할 곳을 일일이 가르쳐 주셨다. 정말로 성령님이 내 오른손을 잡고 수술해 주셨다. 그랬기에 한국에서보다 더 좋은 성적으로 치료할 수 있었던 것이다.

맹장 수술도 많이 했는데, 이 경우 환자들은 하루 입원하고 다음날 수술하고 그 다음날 밥을 먹고 퇴원했다. 한국에서라면 보통 3일간 입원하는데 말이다.

처음에는 몽골 사람들이 강인해서 그런 줄 알았다. 하지만 똑같은 병으로 수술을 해도 다른 병원에서 하면 일주일 이상 입원하고 고생했다. 왜 그럴까. 몽골 사람들은 내가 수술을 잘해서 그렇다고 칭찬했다. 하지만 난 알았다. 한국에서와 똑같이 수술할 뿐인데도 더 빨리 낫고 더 좋은 결과를 얻는 것은 오로지 하나님의 능력인 것을. 나는 나를 칭찬하는 사람들에게 치유의 하나님을 알렸고 그분께 영광 돌렸다.

지금 돌아보면 어떻게 수술실도 없는 그 열악한 환경에서 수술을 했을까 싶다. 그러나 이스라엘 민족이 가나안 땅에 들어가 가나안 종족들을 하나하나 정복해 나간 것처럼, 나는 부족한 것들을 그때그때 채워 가면서 한 걸음 한 걸음 나아갔다.

하나님이 나와 함께하시는 그곳이 바로 예배의 현장이다. 그리고 나의 직업과 노력과 사역이 예배가 되어야 한다. 그것은 내 힘으로 하는 것이

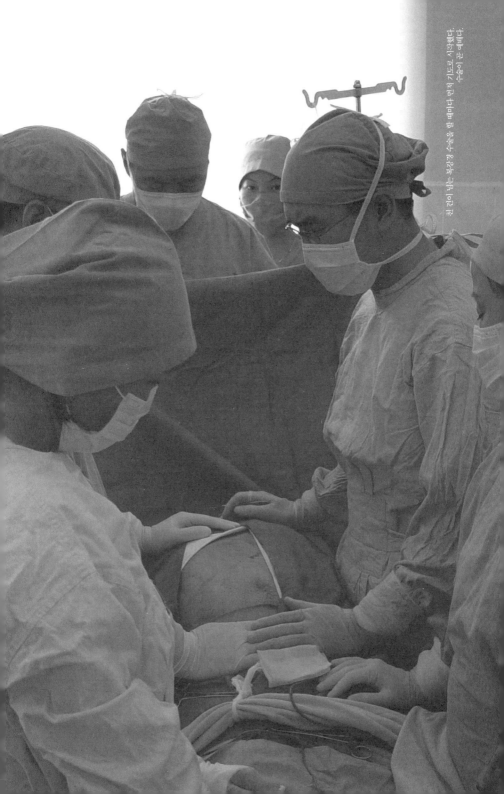

흰 가운 나도 복강경 수술을 할 때마다 먼저 기도로 시작했다. 수술이 곧 예배다.

아니라 하나님께서 주시는 힘으로, 하나님이 원하시는 일을, 하나님이 원하시는 때에, 하나님이 원하시는 장소에서 하는 것이다. 우리 모든 삶의 영역이 예배로 드려질 때 하나님은 하나님의 차원으로 갚아 주신다. 오늘도 하나님은 모든 삶을 예배로 드리고자 하는 사람들의 삶의 현장에 임마누엘로 오셔서 기름 부으시고 역사하신다. 성공하고 싶은가? 삶을 예배로 드려라. 그러면 하나님께서 하나님 차원의 것으로 성공하게 해주실 것이다. 이것이 가장 간단한 인생의 성공 방정식이다.

하나님이 앞서서 하신다

내가 수술실도 없이 처치실에서 수술을 하니까 병원의 다른 선생님들이 많이 걱정했다. 그러다가 사고라도 나면 어떡하냐는 것이다. 나 역시 걱정스럽지 않은 것은 아니었지만 하나님의 은혜를 바라며 나아갔다.

수술을 예배로 드린 나의 수술이 몽골 병원에서 하는 것보다 낫다는 입소문이 나면서 환자들이 몰려들기 시작했고, 하루에 대여섯 명씩 수술하기에 이르렀다. 한 달에 치질 수술만 100건씩 하면서 전신 마취도 해야겠고 서울에서 가져온 복강경 수술도 해야겠다면서 병원측에 수술실을 만들어 달라고 요구했다. 그리고 그때부터 하나씩 준비해서 수술실을 세팅하기 시작했다.

지금 돌아보면 처치실에서 보낸 6개월은 수술실을 만들고 전신 마취 수술을 준비하고 가져온 복강경 수술을 하기 위한 준비 기간이었던 것 같다. 무엇보다도 간호사를 훈련시켜야 했다. 한국으로 보내서 연수도 시키고 매일 저녁 필요한 것들을 가르쳤다. 또 몽골의 외과의사들을 준비시키는 시간이기도 했다. 6개월 동안 처치실에서 150여 건의 수술을 했는데 이 시간을 통해 제대로 된 수술실과 외과팀이 꾸려지도록 준비할 수 있었다.

필요한 인력은 그래도 내 선에서 준비할 수 있었다. 하지만 수술실에 필요한 기구들은 막대한 재정이 들어가는 터라 내 능력 밖이었다. 수술 등-영화나 드라마에서 보면 수술실 천장에 전구가 여러 개 달린 등이 있는데, 굉장히 밝고 그림자가 지지 않아야 하기 때문에 무영등이라고 한다-을 비롯해 수술대, 마취기, 소독기, 모니터 그리고 결정적으로 수술실이 없었다.

이것들을 준비하려니 막막했다. 그 당시 연세의료센터에서 연세친선병원을 도와주는 금액은 1년에 몇 천만 원 정도였고, 한국국제협력단(KOICA)에서 내게 지원해 주는 것도 1년에 4,000달러가 고작이었다. 이렇게 쪼개고 저렇게 쪼개도 도저히 불가능한 일이었다. 우선순위에 따라서 하나하나 기도하면서 준비해 가는 수밖에 없었다.

가장 급한 것이 수술등이었다. 등이 컴컴하니까 터널 같은 항문 속 수술을 할 때는 조마조마했다. 수술할 때마다 기도 외에는 달리 방법이 없었다. 하지만 언제까지 그렇게 수술할 수는 없었다. 그렇다고 몇 천만 원 하는 수술등을 사는 것도 불가능했다. 고심 끝에 머리에 쓰는 등, 즉 헤드라이트로 대체하면 되겠다 싶었다. 사실 헤드라이트도 천만 원 정도 하는데 그래도 무영등보다는 가능성이 있었고, 어쩌면 몽골 상황에 그것이 더 적합하다는 판단이 섰다.

한국국제협력단에서 지원 받는 재정 중에서 우선 3,000달러로 헤드라이트를 구입하기로 마음먹고 기도하기 시작했다. 기도 중에 한 업체가 생각나 그곳에 이메일을 보냈다. 내 기억에 족히 스무 번 이상 이메일을 주고받으며 부탁도 하고 사정도 하면서 가격을 조금씩 낮춰 결국 3,000달러에 살 수 있었다. 헤드라이트와 라이트 소스가 도착한 날 그것을 쓰고 밝은 불빛 아래서 수술하는데 얼마나 감격스럽고 감사하던지, 지금도 그 순간을 잊을 수가 없다.

가까스로 등을 해결했지만 문제는 만만찮게 비싼 수술대였다. 창고를 뒤졌더니 족히 20년은 됨직한 먼지가 뽀얗게 쌓인 수술대가 있어서 엔지니어와 함께 기름칠을 하고 닦고 조이고 수리를 하고 났더니 기본적인 동작은 되었다. 매트리스만 구입해서 수술대 위에 올려놓으면 되겠다 했더니 결정적으로 환자의 팔을 걸어 놓는 팔걸이가 없었다. 팔걸이를 사려고 알아보니 양쪽에 200만 원이라고 했다. 20년 넘은 수술대는 팔아도 몇 십만 원밖에 안 될 텐데 200만 원짜리 팔걸이를 사서 얹자니 어쩐지 아깝다는 생각이 들었다. 그나마 200만 원을 지불할 재정도 없었다. 어떻게 할까 고민하다가 환자의 어깨 밑에 나무판을 대기로 하고 나무판을 준비했다. 그러는 중에도 기도는 쉬지 않고 했다.

"하나님, 수술대의 팔걸이가 필요한 거 아시죠? 그런데 그것을 살 돈이 없습니다. 하나님께서 마련해 주십시오. 만약 팔걸이를 못 구하면 나무판으로라도 대신하겠습니다."

어느 날 영동세브란스병원 간호부에서 보낸 구제용 헌옷 몇 박스가 도착했다. 옷을 분류하기 위해 박스를 풀었는데 주황색 큰 자루 같은 것에 묵직한 것이 담겨 있었다.

'옷가지는 아닌 것 같은데 이게 뭐지?'

자루를 풀고 꺼내 봤더니 그것은 놀랍게도 수술대의 팔걸이였다. 그것도 2개가 들어 있었다.

'어떻게 이것이 여기 있을 수 있지?'

놀라움을 금치 못하면서도 그것을 들고 수술대가 있는 곳으로 뛰어갔다.

'혹시 맞지 않을까?'

예감은 적중했다. 그것은 우리가 가지고 있던 수술대에 딱 들어맞았다. 할렐루야!

영동세브란스병원에 전화를 걸어 옷가지를 보내 준 간호부장을 찾았다.

"보내 주신 옷들은 잘 받았습니다. 감사합니다. 그런데 그 안에 수술대

팔걸이가 들어 있던데 그것도 함께 보내신 겁니까?"

"아니에요. 우리는 그런 것을 보낸 적이 없는데요."

나는 혹시 모르니 한번 확인해 보라고 했다. 하지만 돌아온 답은 아무리 확인을 해봐도 그것이 왜 거기에 들어 있는지, 누가 박스에 넣었는지 알 수 없다고 했다. 지금까지도 연세친선병원 수술실의 팔걸이는 수술방 역사의 미스터리로 남아 있다.

하나님의 놀라운 역사는 계속되었다. 소독기가 필요해 헌금을 해서 천만 원을 모았다. 나는 그걸 들고 선교사님들의 파송을 받으며 한국에 들어왔다. 그 금액으로는 사실 조그만 소독기 한 대를 사기도 부족한데 그것으로 3대를 사야 했다. 소독기 업체를 찾아가 사정을 말했지만 거절당했다.

"하나님, 이제는 어떻게 하죠? 하나님께서 도와주세요."

하나님을 의지할 수밖에 없었다.

온누리교회 양재 성전의 커피숍에 앉아 있다가 오랜만에 지인을 만났다. 지인과 이런저런 얘기를 나누다가 소독기 얘기까지 하게 되었다.

"아, 그러셨어요? 저 그 회사 사장님 아는데….."

지인은 내 얘기를 듣자마자 그 자리에서 소독기 업체 사장님과 통화해서 우리 사정을 말해 주었다. 사장님은 우리 얘기를 듣고는 대형 소독기와 EO가스 소독기 등 3대를 천만 원에 주겠다고 약속했다. 사실 전부 합해 4,500만 원어치를 천만 원에 주신 것이다. 그분이 바로 델타메디칼의

서규영 사장님이다.

언제나 우리보다 앞서 행하시는 하나님은 내가 만났으면 하는 사람들을 우연히 만나게 해주시고 내가 하려던 말을 상대방이 먼저 꺼내게 하시며 모든 일을 순조롭게 풀어 가셨다.

이밖에도 거즈와 붕대 등 소모품을 사야 했다. 따로 100만 원을 준비해 왔기 때문에 업자를 만나 주문했다. 그런데 그 업체 사장님은 자신도 온누리교회 교인이라면서 내가 1박스를 주문하면 뒤에 0을 붙여 10박스를, 10박스를 주문하면 뒤에 0을 붙여 100박스로 넘치게 채워 주셨다.

그 물건들을 받아 컨테이너에 실어 보내면서 나는 감사의 눈물을 흘렸다. 살아 계신 하나님, 나보다 앞서서 일하시는 하나님, 최고의 것으로 공급해 주시는 하나님, 기도할 때 아들의 기도를 들으시는 하나님께.

그렇게 꾸며진 수술실은 어느 것 하나 사연이 없는 것이 없었다. 수술대, 헤드라이트, 소독기 등 기구 하나하나마다 하나님의 섬세한 손길이 깃들어 있었다. 그것들을 볼 때마다 저절로 할렐루야 아멘이 흘러나왔다. 수술할 수 있어서 감사하고 잘 보여서 감사하고 마취가 되어서 감사하고 환자가 잘 회복되어서 감사하고, 내 입술에선 끊임없이 감사의 기도가 나왔다. 당연히 수술 결과가 좋았고 소문이 나서 환자들이 구름 떼처럼 몰려들었다. 내 실력이 뛰어난 것도, 시설이 좋은 것도, 좋은 약을 써서도 아니었다. 그것은 오직 하나님의 은혜였다.

이 같은 하나님의 역사를 보면서 처음에는 믿지 않던 의사와 간호사들이 자연스럽게 예수님을 영접하게 되었고, 수술 받으러 오는 환자들에게도 믿음이 생겼다. 내가 몽골에 가자마자 마르다로 일했다면 그건 내 능력으로 한 그냥 일이었을 텐데 마리아가 된 다음에 일을 하니까 그것이 예배가 됐고, 예배로 환자를 수술하니까 결과도 좋을 뿐 아니라 회복도 빨랐다. 더구나 전도까지 되었다.

처음에는 수술할 때마다 수술방 식구들끼리 모여 먼저 기도하고 수술에 들어갔다. 그런데 하루에 예닐곱 건씩 수술하다 보니 시간이 너무 지체되어서 아침에 모여 기도하기로 했다. 그러다가 말씀도 보게 되었고, 내가 몽골을 떠날 때는 신약을 다 읽게 되었다. 수술팀으로 시작된 이 모임은 나중에 병원의 직원예배로 발전했고 지금은 스무 명 이상이 아침마다 모여 말씀을 나누고 그날에 있을 수술 환자들을 위해 기도하고 있다.

연세친선병원의 수술실은 지금은 웬만한 종합병원만큼 갖춰져 있다. 물론 오래되고 중고품들이 많지만 있어야 할 것은 다 있다. 이 모든 것이 놀라운 하나님의 인도하심으로 채워진 것들이다. 이처럼 여호와 이레의 하나님은 내 삶에 깊이 간섭해 주셨다.

6개월 동안 수술실의 살림을 하나하나 장만하면서 깨달은 것이 있다. 내가 하는 것이 아니라 하나님이 앞서서 하신다는 것을, 나는 뒤따라가면서 하나님이 주시는 것을 받으면 된다는 것을, 이것이 바로 하나님의 도구가 되는 것임을.

"하나님, 제가 하나님보다 앞서 나가지 않게 해주십시오. 하나님의 뒤를 따라가니까 이렇게 좋고 편하네요. 어린아이와 같이 하나님의 뒤를 따라가고 싶습니다. 저를 인도해 주십시오.”

성실함과 신실하심으로, 가장 좋은 방법으로 채워 주신 하나님을 찬양한다.

"주께서 낮에는 구름 기둥 가운데에서, 밤에는 불 기둥 가운데에서 그들 앞에 행하시는 것이니이다"(민 14:14).

몽골 최초의 복강경 수술

하나님의 은혜로 수술실이 완공되고 거기에 필요한 기계와 기구들이 모두 갖춰졌다. 이제는 드디어 연세친선병원에서도 전신 마취 수술을 할 수 있게 된 것이다. 이로써 하나님께서 몽골에 오기 전에 준비해 주신 복강경 수술도 가능해졌다. 복강경 수술은 배를 가르지 않고 작은 구멍을 낸 뒤 내시경을 넣고 내부 장기들을 수술하는 방법으로 그때까지 몽골에서는 제대로 시행된 적이 없었다.

몽골에서 시행하는 첫 복강경 수술이니만큼 잘하고 싶었다. 한국의 세브란스병원은 매년 몽골로 단기선교를 왔는데, 2002년 여름 신촌 세브란스병원팀이 오기로 했을 때 나는 첫 번째 복강경 수술을 계획했다.

드디어 결전의^(?) 날이 밝았다. 마치 소풍 전날의 아이처럼 잔뜩 기대되고 흥분되어 다른 날보다 일찌감치 일어났다. 골방에 들어가 하나님 앞에 앉았는데 밀려오는 벅찬 감동을 주체할 수 없었다.

"하나님, 드디어 하는군요. 이곳에서 복강경 수술을 하리라고는 상상도 못했는데 결국 하나님께서 여기까지 인도하셨습니다. 감사합니다. 정말 감사합니다."

병원에 출근해 여느 때처럼 수술팀원들과 말씀을 읽고 기도했다. 그날에 있을 수술을 하나님께 의탁하며, 수술할 환자들의 이름을 하나씩 불러 가며 하나님의 치유의 은혜를 구했다.

첫 복강경 수술 준비를 끝마쳤다. 전신 마취는 세브란스병원 마취과 교수님이 직접 해주셨다. 그런데 뜻밖에 마취 사고가 발생했다. 복강경 수술과는 상관없이 아주 드물게 나타나는 합병증인 기흉이 생긴 것이다. 기흉은 폐 바깥쪽의 흉강에 공기가 들어가는 것으로 폐를 압박해 산소포화도가 떨어질 수 있다. 한마디로 숨을 잘 못 쉬게 되는 것이다.

환자의 산소포화도가 자꾸 떨어져 응급으로 개복 수술로 전환해 수술을 마치고 흉강 내에 튜브를 삽입하는 응급처치를 하는 것으로 환자의 생명을 살릴 수 있었다. 마취과 교수님도, 나도 깜짝 놀랐다. 재빨리 응급조치를 취해 더 큰 사고로 이어지지는 않았지만 그토록 기다리던 복강경 수술은 물 건너가고 말았다.

기대가 컸던 만큼 실망도 컸다. 하지만 곧 하나님의 섭리를 이해하고 회개기도를 했다. 의사들이 흔히 범하는 실수 중 하나가 수술은 자기 능력으로 한다고 생각하는 것이다. 사실 마취를 해준 교수님은 그 분야에서 상당히 유명한 분이었다. 나도 그분도 그 순간 그런 일이 일어날 줄은 꿈에도 몰랐다. 하나님은 이 사건을 통해 아무리 내가 잘하는 수술이라도 하나님이 허락하시지 않으면 할 수 없다는 것을 다시 한 번 각인시켜 주셨다.

비록 첫 시도는 실패로 끝났지만 그것은 오히려 전화위복이 되었다. 예기치 못한 마취 사고에 놀란 세브란스병원 마취과 교수님은 이런 상태에서 전신 마취를 해선 안 된다면서 우리 병원 담당 마취과 의사를 데려다가 연수를 시켜 주고, 새로운 기계를 보내 주었다. 그 뒤로 2,000건이 넘는 수술을 했지만 단 한 번도 마취 사고가 나지 않은 것은 이 사고 이후 만전을 기한 덕분이었다.

몽골에서 사역하는 동안, 아니 지금까지도 도저히 내 머리로는 이해할 수 없는 일들이 종종 일어난다. 그건 앞으로도 마찬가지일 것이다. 광대하신 하나님, 크고 높으신 하나님의 뜻을 어찌 우리가 다 알 수 있겠는가. 그때마다 원망하고 불평하는 대신 조용히 주님을 신뢰하며 기다리는 것, 그것이 우리가 취할 자세라고 생각한다. 때로는 실패하고 넘어져서 끝이라고 생각되는 순간에도.

"하나님, 왜 이런 일이 일어났을까요? 이런 일을 허락하신 당신의 뜻은 무엇입니까? 내가 지금은 그것을 알 수도, 이해할 수도 없지만 잠잠히 주를 바라겠습니다. 나를 도와주십시오."

그럴 때 우리의 믿음이 자라고, 그런 기다림 속에서 이전에 알지 못하던 주님을 경험하게 되고, 기다림의 끝에서 내 생각과는 비교할 수 없이 좋은 것으로 채우시는 하나님을 만나게 된다.

"우리가 알거니와 하나님을 사랑하는 자 곧 그의 뜻대로 부르심을 입은 자들에게는 모든 것이 합력하여 선을 이루느니라"(롬 8:28).

"이는 내 생각이 너희의 생각과 다르며 내 길은 너희의 길과 다름이니라 여호와의 말씀이니라"(사 55:8).

첫 시도가 실패로 끝난 후 두 달이 흘렀다. 하나님은 2002년 9월 20일 몽골 최초의 복강경 수술을 허락하셨다. 추석 연휴를 이용해 고대구로병원의 외과 과장님이시던 최상룡 교수님과 4년 차 레지던트, 수술방 간호사 등 세 명이 단기의료봉사를 왔는데 3일간 24명의 환자들을 수술했다. 이로써 연세친선병원의 전신 마취와 복강경 수술이 완전히 셋업되었다.

지난 1년여 동안 정말 열악한 환경 속에서 손발이 맞지 않는 몽골 사람

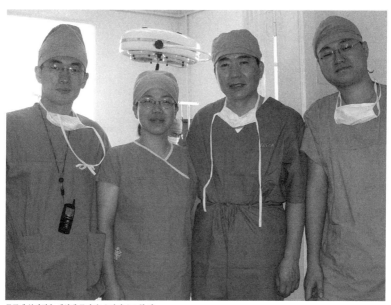
몽골에 복강경을 셋업해 주러 온 초단기 초소형 팀.
왼쪽부터 이선희 수술실 수간호사, 최상룡 전 고대 의대 학장, 정철웅 고대 구로병원 외과 교수.
이분들의 사역을 통해 훗날 복강경 전파 사업의 모티프를 얻게 되었다.

들과 씨름하며 수술하다가, 4년 동안 한 팀으로 수술하던 사부님과 후배,
전문 수술실 간호사와 수술을 하니 얼마나 신나게 수술을 했는지 모른다.

수술 받은 모든 환자들은 잘 치유되었고, 고대병원 수술팀이 떠난 뒤
에도 계속해서 성공적으로 복강경 수술과 전신 마취 수술을 할 수 있
었다.

당시 연세친선병원은 몽골에서 유일하게 복강경 수술을 하는 병원으
로 많은 환자들이 찾아와 문의하고 치료 받기를 원하는 병원이 되었다.
그리고 내가 하는 복강경 수술이 곧 몽골 복강경 역사의 기록이 되기 시

작했다.

"보라 내가 새 일을 행하리니 이제 나타낼 것이라 너희가 그것을 알
지 못하겠느냐 반드시 내가 광야에 길을 사막에 강을 내리니"(사
43:19).

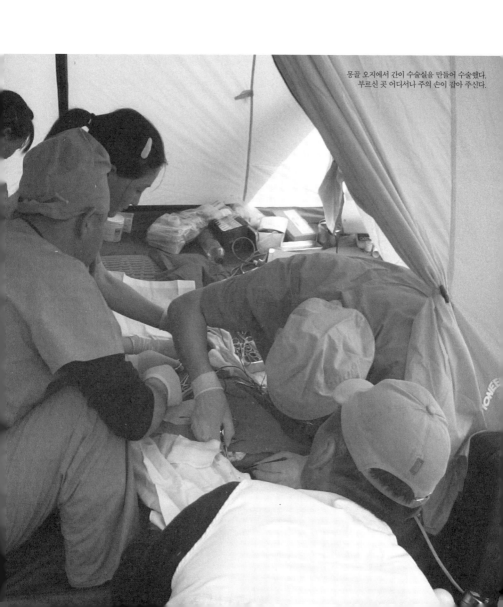

몽골 오지에서 간이 수술실을 만들어 수술했다.
부르신 곳 어디서나 주의 손이 잡아 주신다.

외과의사가 목회를?

몽골에 가서 처음 5개월간은 한인 교회에 나갔다. 그곳에 적응하기 위해서도 그렇고 다른 가족을 위해서도 당분간은 한인 교회에 나가기로 했다. 하지만 이 땅에 온 목적이 몽골 사람들을 섬기는 것이기에 언젠가는 당연히 현지인 교회로 옮겨야 했다.

어느 정도 몽골 사람들과 의사소통이 가능해지면서 온누리교회에서 파송 받은 이철희 선교사님이 목회하는 하이르 교회를 찾아갔다. 첫날 예배를 드리는데 현지 청소년들과 청년들이 남 같지 않고 하나같이 사랑스러웠다. 아, 이곳이 하나님이 원하시는 곳이구나, 싶었다.

먼저 그 교회에서 미가라는 의대생과 일대일 양육을 시작했다. 처음에는 언어 때문에 많이 부담스러웠는데 한 달 정도 지나니 어눌한 몽골어와 손짓 발짓으로 하는 이 시간이 무척이나 즐겁고 기다려졌다. 말씀을 나누고 삶을 나누며 그 형제가 좋은 크리스천으로, 그리스도의 제자로, 교회의 지도자로, 나아가 몽골 의료계의 빛으로 자라 가길 간절히 기도했다.

그러면서 자연스럽게 교회의 대학생들과 청년들에게 관심이 갔다. 당시는 대학생이나 청년들이 따로 모여 예배를 드리거나 훈련을 하는 교회가 거의 없었다. 하나님은 그 시대 그곳의 젊은이들을 향한 특별한 뜻이 있음을 알게 하셨고, 소망 중에 대학-청년부 모임을 꾸리도록 인도하셨다. 처음엔 언어 때문에 부담되었지만, 내가 몽골말을 이렇게 잘했나 싶게 성령님이 때마다 적절한 단어와 말씀을 생각나게 하셔서 무리 없이 이끌 수 있었다.

나는 이 일을 통해 하나님이 이 사역을 얼마나 기뻐하시는지, 이 땅의 젊은이들을 얼마나 사랑하시는지 알게 되었다. 그리고 하나님이 나를 사용하겠다고 말씀하실 때, 아직 준비도 안 되었고 부족하지만 믿음으로 순종하면, 하나님이 그 일을 능히 감당할 능력과 힘을 주신다는 것도 알게 되었다. 모든 일은 하나님이 하신다. 우리는 다만 그분의 도구로 사용될 뿐이다.

하이르 교회로 옮긴 지 두 달이나 지났을까. 하나님은 나를 한 차원 더 높이셔서 목회로 부르시기를 원하셨다.

어느 날 이철희 선교사님이 따로 할 얘기가 있다며 불렀다.

"박 선교사님이 하이르 교회를 맡아 줬으면 좋겠습니다."

이 선교사님은 그 해 안식년을 가질 계획이라면서 입을 떼었다.

"아니, 그게 무슨 말씀이세요? 저더러 교회를 맡으라니요? 말도 안 됩니다."

나는 뜬금없는 소리에 펄쩍 뛰었다.

"갑작스런 얘기에 놀라실 줄 알았어요. 하지만 안 된다고만 하지 말고…."

"아니오. 저는 절대로 할 수 없어요. 신학을 한 것도 아니고…."

"그건 저 역시 마찬가지예요."

"그래도 저는 안 됩니다. 몽골에 오기 전 제 삶이 어땠는지 아세요? 레지던트 시절 3년을 술독에 빠져 살았다고요. 저는 할 수 없습니다."

"그건 지나간 과거잖아요. 어쨌든 회복되어 여기까지 온 것 아닙니까?"

"아무리 그래도 이건 아니에요. 교회를 맡으라니 그건 절대로 못해요."

"박 선교사님, 너무 갑작스런 일이라 당황스럽겠지만 저도 기도해 보고 말씀드리는 것이니까, 그렇게 못한다고만 하지 말고 선교사님도 기도해 보고 결정했으면 좋겠어요."

"기도해 보기는 하겠습니다. 하지만 전 절대로 못합니다."

그날 이 선교사님과 헤어져 집으로 돌아가는 길에도 '마른하늘에 웬 날벼락이야. 교회를 맡으라고? 그건 절대 안 될 말이지. 암, 그렇고말고' 하며 마음을 굳게 먹었다.

하지만 이것은 전초전에 불과했다. 또다시 하나님과의 씨름이 시작되었다. 이 모임에 가도, 저 모임에 가도, 홀로 기도하고 말씀을 봐도 교회를 맡으라는 말씀만 하셨다. 몽골에 오기 전에 하나도 남김없이 모든 것을 내려놓을 때까지 집요하게(?) 말씀하시던 하나님은 이번에도 집요하셨다. 아무리 그래도 이건 쉽게 "네!"라고 대답할 수 없는 문제였다. 수술전에 수술방 식구들과 모여 기도하거나, 선교사들끼리 모여 말씀을 나누고 기도하는 모임과는 차원이 달랐다.

"하나님의 뜻은 알겠는데요, 이건 무리예요. 아무리 생각해도 엄두가 나질 않는다고요. 이제 겨우 통역 없이 환자를 본다고는 하지만 그 정도로는 안 되는 거 아시잖아요. 다 몽골 교인들인데 제가 어떻게 그들을 상대로 몽골어 설교를 합니까? 설교 준비는 어떻게 하고요. 저는 자신 없습니다. 다시 생각해 주세요, 하나님."

그렇게 기도하고 선교사들의 기도 모임인 연세기도모임에 나갔는데 그날 나눈 말씀이 공교롭게도(?) 요한복음 21장이었다.

'아뿔싸! 드디어 올 것이 왔구나!'

워낙 유명한 장이라서 성경을 펼치기도 전에 이 생각이 먼저 들었다. 아니나 다를까, 주님은 요한복음 21장 17절 말씀으로 내 마음에 확인도장을 쾅, 쾅, 쾅 찍으셨다.

"세 번째 이르시되 요한의 아들 시몬아 네가 나를 사랑하느냐 하시니 주께서 세 번째 네가 나를 사랑하느냐 하시므로 베드로가 근심하여 이르되 주님 모든 것을 아시오매 내가 주님을 사랑하는 줄을 주님께서 아시나이다 예수께서 이르시되 내 양을 먹이라."

주님께서 내게 물으셨다.

"네가 나를 사랑하느냐?"

"주님, 그렇습니다. 내가 주를 사랑하는 줄을 주께서 아십니다."

내가 대답하자 주님은 다시 물으셨다.

"네가 몽골을 사랑하느냐?"

나는 베드로와 같이 근심하여 대답했다.

"주께서 모든 것을 아시오매 내가 주와 몽골을 사랑하는 줄 주께서 아시나이다."

그러자 주께서는 "내 양을 먹이라"고 말씀하셨다.

'내 양을 먹이라'는 말씀이 내 마음을 치고 귓가에 울리고 마치 살아 있는 것처럼 성경책에서 튀어나와 눈앞으로 확 다가왔다. 눈물이 흘렀고 나는 그 자리에서 하나님 앞에 고꾸라질 수밖에 없었다. 더 이상 평신도라고, 언어도 부족하고, 병원일도 바쁘고, 아직 몽골에 온 지 얼마 되지도

몽골의 양 떼. 주님은 "내 양을 먹이라"고 말씀하셨다.

않았다고 핑계를 댈 수 없었다.

"네, 알겠습니다. 더 이상 버티지 않고 말씀에 순종하겠습니다. 너무 자신 없지만 주님이 하라시면 한번 해보겠습니다. 나는 아무것도 할 수 없으니 주께서 도와주십시오."

나는 그렇게 목자로의 부르심에 순종했다. 그때 하나님은 내가 하는 것이 아니라 당신이 직접 일하시고 인도하셔서 우리 교회를 부흥시키시겠다는 약속을 주셨다.

몽골에 오고 나니 양 떼와 목자를 자주 보게 된다. 목자 한 사람이 보통 수백 마리의 양 떼를 몰고 다니는데 한번은 알고 있던 목자에게 물어봤다.

"그 많은 양들 중에 누가 누군지 구분이 되나요?"

"그럼요. 다 구분이 되죠. 이름도 다 아는걸요."

"어떻게 구분이 되죠? 내 눈에는 다 똑같이 생겼던데, 다른 양 떼의 양과는 어떻게 구분하나요?"

"딱 보면 알아요! 내 양인걸요. 그리고 내 양들은 내 목소리에만 반응을 해요."

아, 성경에 나오는 '목자는 양 떼를 알고, 양 떼는 자기 목자를 안다'는 말씀이 바로 이런 뜻이었구나! 말씀을 볼 때는 몰랐는데, 현장에서 눈으로 직접 확인하고 나니 목자와 양의 관계는 정말 특별했다.

예수님이 직접 치시던 사랑하는 양 떼를 정말 부족하고 자격이 없는 나에게 주실 때 그 마음이 어땠을까? 어부인 베드로에게 양 떼를 치는 목자가 되라고 한 것처럼 의사인 내게도 그와 같은 사명을 맡기신 것이다. 예수님을 사랑한다는 그 고백 하나만으로 자기 양 떼를 치라고 하신 그 명령이 얼마나 큰 축복이며 두려운 사명이란 말인가. 오직 정성과 사랑으로 양들이 배고파하지 않도록, 잘못된 길에 들어가서 고생하지 않도록 목자의 마음으로 최선을 다하기를 기도하고 또 기도했다.

잊지 못할 첫 몽골어 설교

그 후 이철희 선교사님과 의논해 이양예배 날짜를 잡았다. 2002년 3월 3일 주일이었다. 이 선교사님은 그날 설교를 내게 부탁했다.

'산 넘어 산이라더니….'

이제 겨우 한고비 넘겼나 싶었는데 더 큰 중압감이 나를 짓눌렀다. 남은 시간은 한 달 남짓. 언어도 문제였지만 일단 설교문이 급했다. 너무 갑자기 교회를 이양 받게 된 상황이라 설교에 참고할 만한 그 어떤 것도 없었다. 주석도 성경사전도 없고 달랑 성경뿐이었다. 기도 외에는 달리 방법이 없었다.

"하나님, 본문은 어디로 정해야 합니까?"

하나님께 여쭤 본문을 정해 주시면 "이 본문으로 어떻게 말씀을 전해야 합니까?" 물어 설교문을 작성했다. 그런데 신기하게도 마치 인터넷에 접속해 다운로드를 받는 것처럼 하나님으로부터 설교문이 부어졌다. 내가 하는 것이 아니라 하나님이 친히 하시겠다고 약속하신 그대로.

드디어 3월 3일, 날이 밝았다. 몽골에 온 지 9개월 만에 처음으로 몽골어로 주일예배 말씀을 전하는 감격적이고 의미 있는 날이었지만 속으론 얼마나 긴장되고 떨렸는지 모른다. 부담감이 너무 커서 설교문을 몽골어로 번역해 통째로 외웠을 정도지만 강단의 중압감은 생각보다 컸다. 그렇지만 하나님의 은혜로 말씀을 듣는 성도들에게도, 전하는 나에게도 성령님의 큰 감동과 주님의 격려하심이 있었다.

그때의 설교문을 아직도 간직하고 있는데 지금 봐도 이게 정말 내가 쓴 설교문인가 할 정도로 은혜가 된다. 부끄럽지만 그 일부분을 요약해 실어 보았다. 모쪼록 그때 설교를 준비하면서 내가 받았던 성령님의 감동이, 그 주일 하이르 교회 성도들이 받았던 하나님의 은혜가 지금 이 글을 읽는 여러분에게도 동일하게 임하기를 간절히 기도한다.

"하나님의 부르심"

사사기 6장 14-16절, 신명기 3장 10-12절

2002년 3월 3일 주일 설교

사사기 6장 1-6절을 보면, 이스라엘 자손은 다시 하나님 앞에 악을 행하였고, 하나님은 이스라엘 사람들을 7년 동안이나 미디안 사람의 손에 붙이셨습니다. 그 결과 이스라엘 사람들은 노예처럼 미디안 사람들을 위해 일해야 했고, 파종을 하면 미디안 사람, 아말렉 사람, 동방 사람이 올라와서 그 농사지은 것을 다 망쳐 놓고 또 양과 소, 나귀 등도 남겨 두지 않았습니다.

얼마나 이스라엘 사람들이 힘들었겠습니까? 그들은 7년 동안 고생하다가 그제야 하나님께 부르짖었고 하나님은 그 기도를 들으셨습니다. 그리고 이스라엘을 구원할 자로 하나님께서는 기드온을 택하셨습니다.

기드온은 무엇을 하고 있었습니까? 11절을 보면 미디안 사람들 몰래 포도주 틀에서 밀을 타작하고 있었습니다. 기드온은 미디안 사람들에게 겁을 먹고 있는 것입니다. 그런데 그런 기드온에게 여호와의 사자는 "큰 용사여 여호와께서 너와 함께 계시도다"(12절) 하고 말씀하십니다. 겁쟁이 기드온을 큰 용사라고 부르십니다. 하나님은 사람을 부르실 때 그 사람의 현재 모습을 보지 않으십니다. 장차 될 모습을 보시고 복을 주십니다.

그러자 기드온은 어떻게 대답합니까? 13절에 보면 기드온은 왜 우리를 버리셨냐고 하나님께 따지고 있습니다. 하나님 탓을 하고, 조상 탓을 하는 것입니다. 항상 남의 탓을 하는 것이 비겁한 인간의 모습입니다.

14절을 보면 여호와께서 그를 돌아보아 부르십니다. 여기서 우리는 재미있는 말을 발견하게 됩니다. '너의 힘으로… 구원하라.' 이것은 무슨 뜻입니까? 기드온의 힘으로 이스라엘을 구원하라는 뜻입니까? 미디안 사람들에게 들킬까 무서워 숨어서 타작을 하는 기드온에게 이스라엘을 구원할 능력이 있습니까? 이스라엘을 구원하는 것은 기드온을 보내신 하나님의 힘으로 하는 것입니다. 하지만 가는 것은 자신의 힘으로 가야 합니다. 부르시는 분은 하나님이지만, 그리고 그 부르심대로 이루시는 분도 하나님이지만, 순종과 결단은 우리가 해야 하는 일입니다. 순종과 결단을 했을 때에야 하나님이 미디안 사람의 손에서 이스라엘을 구원하시겠다는 것입니다. 이렇듯 우리가 부르심에 순종하지 않으면 하나님도 일을 하실 수 없습니다.

그러자 기드온이 어떻게 말합니까? 나의 가문은 우리 지파 중에 가장 약하고, 그중에서도 나는 가장 작은 자라서 할 수 없다고 말합니다. 이 구절을 읽으니, 누가 생각나지 않습니까? 그렇습니다. 바로 모세입니다. 모세와 기드온이 나는 할 수 없다고 하는 이유는 무엇입니까? 그들은 그들을 부르신 하나님을 바라보지 않고 자신의 환경과 상황을 바라보았기 때문입니다. 환경과 상황을 보면 거기에는 답이 없습니다. 할 수 없다고 하는 것은 겸손해서가 아니라 우리를 부르신 하나님의 능력을 신뢰하지 못하기 때문입니다.

그런데 하나님은 어떤 사람을 부르십니까? 기드온이 이스라엘을 구원하기에 적당한 인물입니까? 모세는 어떻습니까? 이스라엘 사람들을 출애굽시키기에 합당한 사람입니까? 어린 목동이던 다윗이 이스라엘의 왕이 되기에 충분했나요? 무식한 어부이던 베드로가 예수님의 수제자로서 자격이 되었습니까? 이렇듯 하나님은 능력도 없고 자격도 안 되는 우리를 부르셔서 하나님의 도구로 사용하기 원하십니다. 할렐루야!

저를 부르신 것도 마찬가지입니다. 몽골에 온 후 6개월 동안 교회를 정하기 위해 기도했고, 하이르 교회에 하나님의 인도하심이 있다고 느꼈습니다. 그리고 기쁜 마음으로 교회를 섬겼습니다. 하지만 안식년을 위해 미국으로 가시는 이 선교사님 대신에 이 교회를 섬기라는 하나님의 부르심을 들었을 때, 저는 놀라서 "하나님, 보낼 만한 사람을 보내소서. 제가 누구관대 이 일을 하겠습니까?" 했습니다. 모세와 기드온의 고백이 저의 고백이었던 것입니다.

그랬더니 하나님은 뭐라고 말씀해 주십니까? 본문 16절과 출애굽기 3장 12절을 보면 내가 반드시 너와 함께한다고 격려와 약속을 하십니다. 나를 하이르 교회로 부르신 하나님께서 항상 나와 함께하셔서 나를 도우시겠다는데 내가 무엇을 염려하겠습니까? 정말로 자격이 없는 나 같은 자를 부르신 것은 은혜입니다.

기드온이 하나님의 부르심을 받고 나서 어떻게 되었습니까? 27절에 보면 하나님의 명령에 따라, 밤에 아버지 집에 있던 바알의 단을 헐고 아세라 상을 찍어 버립니다. 미디안 사람이 무서워 숨어서 타작하던 기드온이 놀랍도록 변한 것입니다. 그렇습니다. 하나님을 만나면 이렇게 사람이 변합니다.

그런데 이 일이 있고 난 후 33절을 보면 정말 기가 막힐 일이 벌어졌습니다. 그 무서운 미디안 사람과 아말렉 사람과 동방 사람들이 다 모여 이스라엘과 싸우러 온 것입니다. 하나님의 부르심을 따라 살면 어려운 일이 생기기도 합니다.

그런데 하나님은 놀랍게도 수만 명의 적과 싸우는데 단 300명만 데리고 나가라고 합니다. 이게 말이 됩니까? 기드온처럼 겁이 많고 부족한 사람을 지도자로 뽑으시고는 이제 300명만으로 전쟁을 하라고 하십니다. 하나님은 왜 300명만으로 싸우라고 하십니까? 왜 저같이 부족한 사람을 택해서 이 자리에 세우셨을까요? 왜 우리같이 부족하고 죄가 많은 사람들을 택하셔서 하이르 교회로 부르셨을까요? 그 이유가 7장 2절에 나와 있습니다. 그것은 우리가 하나님을 거슬러 스스로 자랑하지 못하도록 하기 위함입니다. 하나님을 더 깊이 경험하게 하기 위함입니다.

환경과 상황만 보면 이 선교사님이 가시고 나면 교회가 더 힘들어질지도 모르겠습니다. 하지만 300명의 군사로 그 많은 미디안 사람을 물리친 것처럼, 하나님이 함께하시면 우리 교회도 부흥할 것을 믿습니다. 우리 모두는 예수님께 기드온의 300용사인 것입니다. 하나님께서 우리를 그렇게 사용하실 것을 저는 확실히 믿습니다.

여러분은 하나님께 부름 받기에 합당한 자입니까? 구원 받기에 합당한 자입니까? 우리 같은 죄인들을 하나님은 쓰시겠다고 부르십니다. 그리고 함께

하겠다고 약속하십니다. 그러므로 환경과 조건을 바라보지 말고 여러분을 부르신 하나님을 바라고 의지하십시오. 평강의 하나님께서 여러분과 항상 함께하실 것입니다.

처절한 언어 배우기

교회 사역을 하면서 무엇보다 가장 큰 도전은 역시 언어였다. 병원에서 환자를 볼 때는 무리가 없던 언어의 장벽이 교회 사역을 하면서는 전혀 다른 차원으로 다가왔다. 병원에서 쓰는 말과 교회에서 쓰는 말이 이렇게 다른 줄 예전에는 미처 몰랐다. 많은 사람들이 지금 이 단계를 뛰어넘지 못하면 여기서 언어의 진보가 멈추게 된다고 권면해서 다시금 언어공부에 박차를 가했다.

뭐니 뭐니 해도 기폭제가 된 것은 첫 설교였다. 난생처음 하는 주일예

하이르 교회에서의 주일 설교

배 설교인데 그것도 몽골말로 해야 했으니 그 부담감은 겪어 보지 않은
사람은 모를 것이다. 하나님께 통역을 붙여 달라고, 일을 맡기셨으면 통
역을 주시라고 눈물로 기도했다. 날짜는 점점 다가오는데 통역은 안 구
해지고 정말이지 피가 말랐다. 밤에 잠을 이룰 수가 없었고 극심한 스트
레스에 시달렸다. 밥맛도 없고, 소화도 안 되고, 볼일도 못 보고…. 보름
전까지도 통역이 안 구해져 결국 성경말씀 구절을 뺀 A4 5장 분량의 설
교문을 몽골어로 번역시켜 통째로 외우기로 했다. 진료와 수술로 바쁜
와중에 2주 만에 설교문을 외우려니 머리에서 쥐가 날 지경이었다. 피눈

물을 흘리며 설교문을 외우고 또 외웠다.

이렇게 준비해서 첫 설교를 했으니 얼마나 감격스러웠겠는가. 설교를 듣는 성도들이 눈물을 흘리며 '아멘!' 하는데 하마터면 나도 울 뻔했다. 그리고 설교가 끝난 후 하나님으로부터 선물^(?)을 받았다. 2주 만에 화장실에 앉아 보는 찢어지는 고통을.

첫 설교 이후에도 한동안 설교만 있으면 눌러서 힘들었다. 그런데도 하나님은 끝끝내 통역을 달라는 기도를 거절하셨다. 몇 개월을 눈물로 기도하며 매달렸는데도 말이다.

"No! 더 이상 이 기도를 하지 마라. 내가 기뻐하지 않는다."

하나님의 분명한 응답이 있은 후로 더 이상 통역을 달라는 기도를 하지 않았다. 대신 정말이지 열심히 몽골어를 공부했다. 재수할 때보다 더 열심히 공부했을 것이다. 나중 일이지만 그 당시 선교사들 중에 내가 유일하게 몽골어로 찬양집회를 인도하고 기도회와 집회를 인도할 수 있었던 것은 바로 이 일 덕분이다.

"역시 의사라서 머리가 좋은가 봐요."

"언어에 은사가 있나 보네요."

몽골어를 원어민처럼 구사하는 나를 보며 몇몇 선교사님들은 이렇게 말했지만 나의 피눈물 나는 고통을 안다면 결코 그렇게 말할 수 없을 것이다.

간혹 단기 선교사님들이 와서 언어가 안 는다고 하소연할 때가 있다.

그때마다 나는 피눈물 나게 하면 안 늘 수가 없다고 조언한다.

하나님은 철저히 은혜로, 당신의 능력으로 사역하게 하시지만 또한 준비된 자를 쓰신다. 모세를 광야에서 40년 동안 훈련시키시고, 요셉을 오랜 기간 감옥에서 훈련시키셨던 것처럼, 우리 역시 선교 현장에서 프로가 되길 원하신다. '은혜로 되겠지' 하고 준비를 게을리 하는 것은 프로가 아니다. 내가 모든 준비를 하고도 하나님께서 허락하시지 않으면 한 발짝도 나갈 수 없는 곳이 선교 현장이다. 철저한 전공의 준비, 언어의 준비, 다양한 타 문화 체험과 타 문화에 대한 열린 마음, 예비 선교사라면 이것만큼은 꼭 준비하라고 권면하고 싶다.

part 3.

하나님의 몽골행전.

말도 안 된다고 생각했던 부르심에 순종할 때 일어나는 벅찬 역사

아, 하나님께서는 정말 살아 계시는구나!

이건 내가 하는 게 아니야. 나는 그냥 통로일 뿐이지.

이건 전적으로 하나님께서 하시는 거야.

어, 정말 성령의 불이 임하네!

"저희 가족은 다음 주부터 이 교회에 나오지 않을 겁니다. 이제 박 선교사님이 다 알아서 하세요."

이양예배를 마치고 이철희 선교사님이 한 말이다.

죽기살기로 매달려 이제 막 첫 설교를 끝냈는데 당장 모든 걸 맡으라고? 맨 처음 교회를 맡으라는 얘기를 들었을 때만큼이나 당황스러웠다.

"4월에 떠나신다고 했으니 시간이 남았잖아요. 그때까진 나오셔서 가르쳐 주셔야죠. 이렇게 갑작스럽게 떠나시면 저는 어떻게 하라고요?"

"제가 없어도 잘하실 겁니다. 주님이 도와주실 테니까요."

이 선교사님은 온화하게 웃으며 이렇게 말할 뿐이었다. 그러더니 정말 그 다음 주부터 모습을 나타내지 않았다. 그 일주일 동안 나는 오만 가지 생각들로 머리가 복잡했다.

'혼자서 잘할 수 있을까? 혹시 이 선교사님이 떠나셨다고 성도가 한 명도 안 나오면 어떡하지?'

무섭고 겁이 나서 시간 날 때마다 무릎을 꿇고 기도했다. 이 모든 두려움을 제거해 달라고, 주의 충만한 사랑으로 나를 채우시고 굳건한 마음을 주시라고. 그 와중에도 당장 일주일 앞으로 다가온 주일 설교를 준비해야 했다. 언어의 장벽은 여전했지만 설교 준비를 할 때면 주님의 특별한 은혜가 부어졌다.

다음 주일 아침, 두렵고 떨리는 마음으로 교회로 향했다. 성전 문을 여는 순간 성도들의 모습이 한눈에 들어왔다. 할렐루야! 그들은 하나님의 백성답게 신실하게 그 자리를 지키고 있었다. 나도 모르게 안도의 한숨이 나오고 감사의 눈물이 나왔다.

하이르 교회를 처음 이양 받았을 때는 한국인 사역자가 한 명도 없었다. 나는 병원 사역도 병행했기 때문에 혼자서 교회의 모든 영역을 감당할 수 없었다. 하나님의 교회를 함께 세워 갈 동역자가 반드시 필요했다. 당장 급한 것은 반주자였다. 전에는 이철희 선교사님의 사모님이 반주를 했는데 막상 선교사님 가족이 떠나고 나니 맡아서 할 사람이 없었다. 정말 목숨 걸고 기도했다. 반주자를 비롯한 동역자들을 보내 달라고.

하나님은 감사하게도 한 명 두 명 동역자를 보내 주시더니 급기야 4명의 단기 선교사님들과 동역하도록 하셨다. 함께 마음을 나누고 사랑으로 섬기며 기도로 도와줄 한국인 선교사가 곁에 있다는 것이 얼마나 감사했는지 모른다.

지금도 잊을 수 없는 것은 교회를 맡고 나서 가진 첫 번째 수련회다. 2002 한일 월드컵으로 전 세계가 들썩이던 그때 몽골 울란바토르에 있는 하이르 교회의 50여 성도들은 기도의 불을 지피고 있었다. 예전에 우리나라가 그랬듯이 수련회 날짜가 잡히기가 무섭게 은혜 받아야 한다며 작정기도를 하고 금식기도에 돌입했다.

그 모습에 누구보다 놀란 이는 바로 나였다.

'이럴 줄 알았으면 특별 강사라도 초빙하는 건데…. 주님, 정말 큰일 났습니다!'

수련회의 주강사는 다름 아닌 나였다. 그러잖아도 이래저래 걱정이 태산이었는데 그 모습을 보자 더 눌렸다.

"하나님, 이를 어쩝니까? 성도들이 수련회 때 은혜 받겠다고 작정기도를 하고 있습니다. 금식기도 하는 사람도 많아요. 저들의 갈급한 심령이 보이시죠? 하나님의 은혜를 얼마나 사모하는지, 얼마나 성령의 은사를 사모하는지 주님은 아시죠? 그런데 저렇게 뜨겁게 부르짖는 성도들을 보니 제가 많이 눌립니다. 제가 해줄 수 있는 것이 아무것도 없기 때문입니다. 주님, 저를 긍휼히 여기소서!"

나 역시 하나님을 사랑하고 성령의 은사를 사모했지만 방언도 못했다. 지금도 사모하지만 나는 여전히 방언을 못한다. 사모하지 않아서도, 뜨겁지 않아서도 아니지만 '주여 삼창'에도 눌린다. 그런 내가 수련회를 인도해야 했으니 그 부담감이 얼마나 컸겠는가.

드디어 성도들이 그토록 고대하던 수련회가 시작되었다. 예배가 시작되기 전부터 성도들은 예배당에 자리 잡고 앉아 기도를 드렸다. 찬양이 시작되자 그 열기는 더욱 고조되었다. 사모하는 영혼을 만족케 하시는 하나님께서 그곳에 충만히 임하셔서 설교를 하는데 내 눈에 하늘의 불이 임하는 게 보였다.

"성령의 불을 받으십시오! 성도 여러분, 지금 이곳에 충만하게 임하신 성령의 불을 받으십시오!"

나는 깜짝 놀랐다.

'내 입에서 이런 말이 나오다니….'

하지만 이런 생각을 한 것도 잠시, 내 입에서는 거침없이 이런 말이 나오고 있었다.

"성령의 은사를 사모하는 사람들은 다 나와서 기도하십시오! 방언 받고 싶은 사람은 앞으로 나오십시오! 성령님을 사모하십시오! 기도하십시오!"

성도들은 앞다투어 강단 앞으로 뛰어나왔다. 나는 그들에게 손을 얹고

첫 번째 수련회에서 성령의 깊은 터치를 경험했다.
성도들이 눈물로 찬양을 드리고 있다.

기도했다. 그랬더니 여기저기서 방언이 터지고 뒤로 넘어가고… 한마디로 성령의 불바다가 되었다.

그 모습에 가장 놀란 것도 나였다. 평소의 나라면 도저히 할 수 없는 말을 쏟아내고, 방언도 못하는 내가 성도들에게 손을 얹고 방언을 주시라고 기도하니 방언이 터지고, 성령의 불을 내려 달라고 기도하면 불이 임해 뒤로 넘어가고… 하나님의 살아 계심과 역사하심에 나는 그저 놀라웠다.

수련회 이후 나의 목회에는 완전히 새로운 장이 열렸다. 수술도 하나님이 공급하시므로 성공적으로 할 수 있는 것이지만, 어쨌든 그것은 내가 할 수 있는 일이었다. 하지만 목회는, 더구나 성령의 역사는 내가 할 수 있는 일이 아니었다. 이후로 믿음의 차원, 하나님 차원의 일들이 벌어지기 시작했다.

"예수께서 그의 열두 제자를 부르사 더러운 귀신을 쫓아내며 모든 병과 모든 약한 것을 고치는 권능을 주시니라"(마 10:1).

순종할 때 일어나는 놀라운 역사

'파르티장이라고? 거긴 내가 처음 왔던 곳인데….'

하이르 교회가 파르티장이라는 지역에 지교회를 두고 있다는 것을 알았을 때 나는 깜짝 놀랐다.

우연도 그런 우연이 없는 것 같았다. 내가 1999년 몽골에 처음 단기선교를 왔을 때 외국 사람으로는 처음으로 들어가 의료 사역을 한 곳이 파르티장이었다. 그리고 이곳에서 하나님이 나를 몽골로 부르셨음을 확신했기에, 내게 파르티장은 특별한 의미가 있었다. 하지만 이곳은 선교를 하기에는 상당히 어려웠다.

개척한 지 1년 반이 되어 가지만 성인 성도는 한 명도 없고, 주일학교와 중·고등부 아이들만 나오는 상황이었다. 여기에는 그럴 만한 이유가 있었다. 울란바토르에서 약 70km 떨어진 이 지역은 도시도 아니고, 유목이 발달한 시골도 아니며, 공장이 있어서 경제활동을 할 수 있는 곳도 아닌, 가장 못사는 마을 중 하나였다. 이런 까닭에 단기선교로 와서 주로 하는 일이 구제와 봉사였고, 그 결과 마을 사람들은 적어도 두세 번은 복음을 전해 들었지만 진정으로 복음을 받아들이고 신앙생활을 하기보다 단기팀의 구제에만 관심을 보였다. 의료 사역을 가도 의사가 몇 명 오느냐, 초음파는 가지고 오느냐 등에만 관심을 보일 뿐이고 시시한 단기팀은 우습게 여기기도 했다.

이런 곳에 교회가 개척되어 1년 반가량 교회 지도자의 가정에서 예배를 드리다가 드디어 교회를 건축하기에 이르렀다. 오랫동안 사탄이 득세하던 지역이다 보니 하나님의 성전을 짓는 일은 사탄의 공격으로 순조롭지 않았다. 사탄의 방해가 계속되는 중에도 파르티장 교회 성도들은 땀과 눈물로 나무 하나, 벽돌 한 장 이어 가며 성전을 완성해 갔다.

우리는 온누리교회 요셉청년부와 함께 파르티장 교회에 가서 담장을 치고, 건물의 기초를 놓는 일을 했다. 요셉청년부는 대부분이 여자 청년들이었는데 목장갑도 없이 그 무거운 나무들과 벽돌을 나르면서도 묵묵히, 열심히, 즐거운 마음으로 일했다. 그 모습에 몽골의 지체들도 도전을

지교회인 파르티장 교회를 건축하는 청년들

받고 기쁜 마음으로 동참할 수 있었다.

　3박 4일의 일정을 마치고 온누리교회 청년들이 떠나간 뒤에도 중·고등부 학생들과 청년들로 이뤄진 우리 교회는 2주일 더 남아서 마음을 다하여 성전을 짓는 데 힘을 모았다. 3주간을 시골에 내려가 못 자고 못 먹으며 하루에 10시간 이상씩 노동하는 중·고등부 아이들을 보며 나는 아무 말도 할 수 없었다. 이런 양 떼를 치는 목자로 부르신 하나님께 그저 행복한 눈물과 감사를 드릴 수밖에.

　에베소서에 나오는, 아무런 상관도 없던 사람들이 모여 지체를 이루어 교회를 이루는 것처럼, 나무와 나무가 연결되어 주의 백성의 손에 의해 성전이 이루어져 가는 것을 보면서, 하나님의 나라가 이 땅에 건설된다는 것의 의미를 다시 생각해 보았다.

여름 사역 가운데 또 한 가지 의미 있었던 것은 침례식을 베푼 일이었다. 2개월가량 침례를 주기 위해 학습을 시키며 준비하고 있었는데, 때맞춰 온누리교회의 강서·양천공동체와 한상원 목사님이 오셔서 가조르트라는 곳에 가서 주일예배를 드리고 침례를 베풀었다. 16명의 교인들에게 침례를 주는데 그야말로 기쁨과 감격의 시간이었다. 한 사람 한 사람 강가에서 나오는데 정말 기쁨이 충만하고 성령의 비둘기가 모든 사람에

몽골은 강에서 침례를 준다.
온누리교회에서 오신 한상원 목사님과 함께 세례를 베풀었다.

게 임한 듯했다. 더욱 감사한 것은 세례를 받은 지체들이 돌아가 삶이 변화되고 교회 생활에 열심을 낸 것이다.

여름 사역이 참 바쁘고 정신없이 진행되었지만 돌아보면 얼마나 기쁘고 감사했는지 모른다. 하이르 교회를 맡으라는 하나님의 부르심에 순종하지 않았다면 어떻게 이 기쁨과 감격을 알 수 있었을까? 내 생애에 언제 교회를 건축해 보고, 강가에서 침례를 주고, 수련회를 인도하겠는가? 의료 선교를 위해 이곳에 왔지만 하나님의 새로운 부르심에 응답하지 않았다면 아마도 나는 평생 의사로 사는 데만 만족하며 살았을 것이다.

고린도후서 6장 4절에서 사도 바울은 이렇게 고백했다.

> "오직 모든 일에 하나님의 일꾼으로 자천하여 많이 견디는 것과 환난과 궁핍과 고난과 매 맞음과 갇힘과 난동과 수고로움과 자지 못함과 먹지 못함 가운데서도."

이 고백이 나의 고백이 되기를 간절히 원하며 기도했다.

"하나님, 제 자신을 하나님의 일꾼으로 자천합니다. 저를 자꾸자꾸 불러 주십시오. 못 자고 못 먹고 힘들어도 제가 그 일을 하겠습니다. 하나님을 더 깊이 알게 해주셔서 감사합니다."

세상에선 너무 설친다고 눈총을 주겠지만, 하나님께 "저요, 저요" 하고 손들어 보라. 하나님께서 기뻐 쓰시고, 감당할 능력도 주실 것이다.

기타도 못 치는 찬양 사역자

하이르 교회에 출석하면서부터 하나님은 내게 몽골 젊은이들에 대한 부담감을 주셨다. 나도 한때 방황을 해봐서인지, 그들의 마음이 이해되고 그들의 회복을 위해 마음이 쓰였다. 그래서 처음에는 대학청년부를 맡아 헌신했다. 그러나 많은 젊은이들이 뜨겁게 찬양하고 기도하면서도 정작 그들의 삶이 변하지 않는 것을 보면서 안타까움을 금할 길이 없었다.

몽골 청년들은 사회주의와 유목 문화의 영향으로 성적으로 상당히 개방되어 있다. 여러 교회에서 지도자들이 문제를 일으키는 상당 부분이 성적인 문제였다. 혼전관계나 동거 등은 몽골에서 흔한 일이었고, 청소년들 중 절반가량이 편모나 편부 슬하에 있었다. 술, 담배 문제는 말할 것도 없고, 더 심각한 것은 오래된 다신론적인 샤머니즘의 영향으로 믿음을 가진 후에도 습관적으로 우상숭배를 했다. 부적을 가지고 다닌다거나 라마승에게 길일을 묻는다거나 하는 것은 다반사였다.

문득 나의 청년 시절을 뜨겁게 달궈 준 경배와찬양이 생각났다. 매주 목요일 저녁이면 모임에 나가 하나님을 찬양하고 말씀을 들으며 하나님을 예배하는 것이 어떤 것인지, 크리스천으로서 어떻게 살아야 하는지 등을 깊이 배우던 곳이었다. 나는 경배와찬양을 통해 하나님께 더 가까이 나가기를 소망했고, 그랬기에 대학 시절 방황하지 않고 하나님의 말씀 안에서 잘 자랄 수 있었다.

'몽골에도 경배와찬양 같은 모임이 있으면 좋을 텐데…. 그럴 수만 있다면 청년들이 큰 도전을 받고 삶에도 변화를 가져올 수 있을 텐데….'

내 마음이 이럴진대 하나님 아버지의 마음은 어떻겠는가. 나는 용기를 내어 나의 영적인 아버지인 하스데반 선교사님께 이메일을 보냈다.

하스데반 선교사님께
경배와찬양에서 훈련 받은 박관태 형제입니다.
저는 지금 몽골의 울란바토르에 와 있습니다. 연세친선병원의 외과의사로 와 있는데, 얼마 전에는 이철희 선교사님이 개척한 하이르 교회를 이양 받아 목회도 하고 있습니다.

이곳 청년들을 보면 늘 안타까운 마음입니다. 지금 이들에게 필요한 것이 경배와찬양 사역이 아닐까 생각합니다. 이들은 우리와 성정이 비슷해 노래하고 춤추는 것을 좋아합니다.

선교사님, 이곳에 꼭 한 번 오셨으면 좋겠습니다.

사실 나는 이메일을 보내면서도 크게 기대하지 않았다. 하스데반 선교 사님이 워낙 인터넷과 친하지 않아 과연 메일을 확인해 볼지도 알 수 없었고, 설사 확인한다 해도 이렇게 먼 몽골까지 한달음에 달려오실지도 미지수였기 때문이다. 그런데 답장이 왔다!

관태 형제, 갈게. 준비해.
5월 3-4일.

오잉, 이게 뭐지? 메일을 여는 순간 너무 놀라 내 눈을 의심했다. 딱 두 줄뿐이었지만 하나님의 분명한 응답임에 틀림없었다. 그때는 이미 교회를 이양 받아 사역하면서 이전에는 감히 상상도 못하던 크고 놀라운 하나님을 경험했기 때문에 하나님께서 말씀하시면 토 달지 않고 즉각 순종하던 때였다. 교회 리더들을 모아 상황을 설명하고 준비하기 시작했다.

몽골에서 처음 열리는 경배와찬양 세미나는 우선 몽골 현지 교회의 찬양 인도자를 대상으로 했다. 그들이 하나님을 깊이 만나고 하나님이 찾으시는 예배자들로 세워지기를 간절히 바랐기 때문이다. 처음에는 믿음이 작아서인지 50명을 목표로 기도했다. 그러자 하나님은 시편 81편 10절의 "네 입을 크게 열라 내가 채우리라"는 말씀을 주셨다.

"50명도 적지 않은 것 같은데⋯ 그래도 주님이 말씀하시면 순종하겠습니다. 입을 크게 열라시면 한 80명이면 될까요?"

나는 조심스레 주님께 여쭈었다.

"⋯⋯."

주님은 아무 말 없이 빙그레 웃고 계시는 듯했다.

"더 크게 열라는 말씀이세요? 그럼 100명? 이건 애초에 목표했던 인원의 두 배인데, 과연 가능할까요?"

"⋯⋯."

주님은 여전히 대답이 없으셨다. 아직도 부족하다는 듯 더 크게 열기를 원하셨다.

"주님, 나의 믿음이 이것밖에 안 됩니다. 나의 믿음 없음을 긍휼히 여기시고, 주의 뜻대로 이루어 주소서."

나는 주님의 계획을 헤아리는 것을 멈추고 이 문제를 주님의 발아래 내려놓았다. 매일 교회 리더들은 물론이고 성도들까지 띠 금식을 하며 몽골에 하나님의 나라가 편만하게 임하기를, 이 땅의 영혼들이 전심으로 하나님을 찾고 그분을 경외하기를 눈물로 기도했다.

참가 신청을 받기 시작했다. 처음에 예상했던 50명을 금세 넘기더니 어느새 100명을 돌파했다. 120, 150, 170… 점점 늘더니 결국 90여 교회에서 200여 명의 찬양 인도자들이 세미나에 참석했다. 한국 선교사들까지 합치면 230여 명. 당시 몽골의 전체 교회 수가 200개 정도임을 감안할 때 실로 놀라운 일이었다.

참석 인원도 경이로웠지만 세미나 내내 부으신 하나님의 은혜는 말로 다 표현할 수가 없었다. 모든 것을 태우고 새롭게 하고 채우시는, 그야말로 불바다였다. 세미나에 참석한 한 영혼 한 영혼이 깊이 하나님을 만나고 회개하고 결단하고 헌신했다.

'하나님은 이렇게 일하시는구나! 믿음으로 사역하는 것이 이런 것이구나!'

일련의 진행되는 일들을 보며 하나님을 더 깊이, 새롭게 알게 되었다. 아울러 우리의 기도에 신실하게 응답하시는 하나님을 만났다.

"하나님, 당신의 때에 경배와찬양 사역을 하게 해주십시오."

10년 전에 경배와찬양 훈련을 받으면서 하나님께 드린 기도였다. 한동안 잊고 지냈는데 세미나를 준비하던 중에 갑자기 생각났다. 나는 잊었을지라도 하나님은 기억하셔서 하나님의 때에 정확하게 이루신다. 하나님은 내가 기도한 대로 경배와찬양 사역에 직접 참여하게 하시고, 교회에서도 예배를 인도하는 사역을 맡기셨다.

첫 번째 경배와찬양 집회
홀연히 하 선교사님이 오셔서 몽골에 성령의 불을 질러 놓고 가셨다.

"너희 안에서 행하시는 이는 하나님이시니 자기의 기쁘신 뜻을 위하
여 너희에게 소원을 두고 행하게 하시나니"(빌 2:13).

하 선교사님은 세미나를 마치고 한국으로 돌아가면서 말했다.

"관태 형제, 목요모임 시작해야지?"

"네? 목요모임이오?"

기타도 못 치고, 노래도 잘 못하고, 몽골말도 아직 서툰 때라 선뜻 대답
을 하지 못했다.

"그래, 하나님께서 경배와찬양 사역의 문을 여셨으니 목요모임도 당연

2002년 경배와찬양 지도자 모임

히 시작해야지."

"아, 네. 그래야죠….."

나는 자신이 없어 말끝을 흐렸다. 하지만 선교사님이 돌아가신 후 그 말이 계속 뇌리에 맴돌았다. 다시 하나님께 무릎을 꿇고 여쭸고, 그것이 하나님의 뜻임을 알았다. 더 이상 미룰 수 없었다. 일단 한 달에 한 번씩 세미나에 참석한 사람들을 중심으로 모임을 갖기로 했다. 두렵고 떨리는 마음으로 세미나를 마친 지 한 달여가 지난 6월 8일에 첫 모임을 시작했다.

"내가 달려갈 길과 주 예수께 받은 사명 곧 하나님의 은혜의 복음을 증언하는 일을 마치려 함에는 나의 생명조차 조금도 귀한 것으로 여

경배와찬양 집회. 몽골의 지체들은 맘껏 하나님을 찬양했다.

기지 아니하노라"(행 20:24).

하나님은 정말 말도 안 되는 사람을 세우셔서 하나님의 도구로 사용해 주셨다. 어찌 감격하지 않겠는가! 하나님 홀로 영광 받으소서!

이윽고 8월 26일부터 3일간 몽골 최초의 경배와찬양학교가 열렸다. 약 270명의 현지인들이 등록했고, 저녁 집회에는 700–1,000여 명이 모였다. 특히 저녁 집회는 공중파 방송으로 방영되기도 했다. 한 영혼 한 영혼이 하나님 앞에 돌아오는 것을 보면서 그동안 힘들던 순간들이 안개처럼 사라지는 것을 느꼈다.

사실 경배와찬양 사역만큼 영적 전쟁이 심한 사역도 없다. 집회를 준비하는 기간에도, 집회 중에도 얼마나 많은 영적 방해들이 있었는지 도중에 그만두고 싶을 만큼 힘들었다. 그때마다 이 사역에 대한 부르심의 확신과 앞으로 이루어질 일들에 대한 소망을 붙들고 이겨 냈다. 그리고 그 수고와 소망이 헛되지 않음을 하나님은 집회에 참석한 사람들의 모습을 통해 보여 주셨다. 참석자들은 몽골 땅을 향한 하나님의 크신 계획 앞에 자신을 내어 드리기로, 하나님 앞에 순결한 신부로 십자가의 길을 걸어가기로 다짐했다.

이처럼 하나님은 몽골에서 경배와찬양 사역을 일사천리로 진행시켜 나가셨다. 예배 인도자 세미나를 시작으로 한 달 뒤에는 목요모임이, 3개월 뒤에는 전국 규모의 경배와찬양학교가 열린 것이다. 하나님이 이 땅의 백성들로부터 얼마나 찬양 받기를 원하셨는지 알 수 있었다.

목요모임은 50명으로 시작해서 나중에는 700-800명으로 늘어나 몽골에서 가장 큰 워십 모임이 되었다. 하나님은 두 시간 동안 몽골어로 모임을 인도할 수 있도록 말씀을 부어 주셨다. 지금도 그때 사진을 보면 '내가 어떻게 저걸 했지?' 싶다. 워낙 수줍음이 많아서 남들 앞에서 노래하는 것조차 상상하기 힘든 사람이 아니었던가? 그런데 3년 동안이나 목요모임을 인도했다니, 정말 하나님의 은혜가 아니고는 있을 수 없는 일이었다. 내 생각으로는, 내 차원으로는 도저히 할 수 없는 일을 하나님은 하나님 차원에서 일하게 해주셨다.

삶으로 드리는 예배

경배와찬양 목요모임에서도 월례 모임에서도 나는 언제든지, 틈만 나면 예배를 강조했다. 나는 예배와 삶을 분리해 생각해 본 적이 없다. 예배는 곧 우리의 삶이요, 우리의 삶은 곧 예배가 되어야 하기 때문이다. 내가 병원에서 하는 수술도, 교회 사역도, 경배와찬양 사역도 모두 하나님께 드리는 예배였다.

어느 날 경배와찬양 월례 모임을 준비하는데 하나님이 로마서 12장 1-2절의 말씀으로 우리가 드려야 할 진정한 예배를 가르쳐 주셨다.

"그러므로 형제들아 내가 하나님의 모든 자비하심으로 너희를 권하노니 너희 몸을 하나님이 기뻐하시는 거룩한 산 제물로 드리라 이는 너희가 드릴 영적 예배니라 너희는 이 세대를 본받지 말고 오직 마음을 새롭게 함으로 변화를 받아 하나님의 선하시고 기뻐하시고 온전하신 뜻이 무엇인지 분별하도록 하라."

우리는 '하나님이 기뻐하시는 거룩한 산 제물'로 영적인 예배를 드려야 한다. 하나님께서는 이 네 단어에 주목하게 하시면서 각각에 대해 깨달음을 주셨다. 먼저 예배를 받는 주체는 '하나님'이다. 예배는 교회나 사람이나 어떤 단체가 중심이 되어서는 안 된다. 예배를 통해 우리가 새 힘을 얻고 은혜를 받을 수는 있지만 그것이 예배를 드리는 목적이 되어서는 안 된다.

둘째, '기뻐하시는' 예배를 드려야 한다. 이 말은 반대로 하나님께서 기뻐하시지 않는 예배도 있다는 얘기다. 이사야 1장 11-15절을 보면 실로 무시무시한 말씀이 나온다. '내가 너희들이 드리는 거짓 예배에 질렸다. 신물이 난다'는 말씀이다. 하나님께 모습만 보이고 마당만 밟는 예배, 성회와 함께 악을 행하는 예배, 주일이니까 그냥 형식적으로 드리는 예배, 이런 예배를 하나님은 곤비하고, 견디지 못하겠노라고 말씀하신다.

셋째, 거룩한 예배를 드려야 한다. 과연 우리의 예배는 하나님이 기뻐하시는 예배인가? 하나님이 기뻐하시는 거룩하고, 살아 있는 예배인가?

'거룩하다'는 것은 '흠이 없다', '구별되어 있다', '완전하다'는 뜻이다. 다시 말해 순전하다는 얘기다. 육안으로 보면 똑같아 보이는 금도 순금, 18금, 16금, 14금 등으로 나뉜다. 순금을 뺀 나머지는 순금과 겉모양이나 색깔이 똑같지만 금과 다른 것을 혼합한 것이다.

우리도 하나님께 혼합된 것을 드릴 때가 많다. 하나님 기준이 아니라 나의 기준, 사람들 기준으로 괜찮겠지 하면서 죄와 혼합된 더러운 예배를 드릴 때가 많다. 철저한 회개 없이 드리는 예배를 하나님께서는 견디지 못하겠노라고, 성회와 함께 악을 행하는 것을 견디지 못하겠노라고 이사야서를 통해서 말씀하신다.

마지막으로 하나님은 살아 있는 예배를 드리라고 말씀하신다. 예배는 살아 있어야 한다. 그 안에 기쁨과 감격, 회복이 있어야 한다. 움직임과 힘이 있어야 한다. 살아 움직이는 생명의 증거들로 넘쳐야 한다. 아무런 감격도, 기쁨도 없는 죽은 예배를 하나님은 피곤하다고, 신물이 난다고 말씀하신다.

그러므로 예배는 하나님께 우리 몸을 거룩하고 산 제물로 드리는 것이어야 한다. 그런데 우리 몸을 드린다는 것은 구체적이고 실제적인 우리의 삶을 드린다는 의미다. 우리의 몸은 성전에 들어와 있지만 머릿속으로는 딴생각을 하고 있다면 그것은 몸을 드린 것이 아니다. 우리의 시간과 물질, 재능, 능력을 드려야 한다는 말이다.

우리 몸을 거룩한 산 제물로 드린다는 것은 구체적으로 어떤 의미일까? 어떻게 할 때 우리 몸을 거룩한 산 제물로 하나님께 드릴 수 있을까? 그것은 이 세대를 본받지 말고, 마음을 새롭게 함으로 변화를 받는 것이다. 크리스천은 세상을 역행해서 사는 사람이다. 세상과 연합한 것이 아니라 그리스도와 연합한 사람이다. 그럴 때 마음을 새롭게 함으로 변화를 받는 것이 가능해진다.

이 세대를 본받지 않는다는 것은 무슨 뜻인가? 우리 몸도 그렇고 공장도 그렇고 들어가는 것에 따라서 나오게 되어 있다. 세상 사람들과 똑같이 보고, 똑같이 듣고, 똑같이 즐기고, 똑같이 먹고 나서 마음이 새롭게 되기를 바라는 것은 도둑놈 심보다. 그런 점에서 눈과 귀는 이 세대를 본받게 하는 창구다. 하와가 선악과를 '보고'(창세기 3장), 다윗이 밧세바가 목욕하는 것을 '보고'(사무엘하 11장) 범죄하지 않았는가?

보이는 것을 어떻게 하냐고 반문할지 모르겠지만 안 보면 된다. 못한다고 하지 말고 2주간 훈련해 보라. 귀도 마찬가지다. 매일 틈만 나면 세상의 음악을 듣고, 세상의 드라마를 보면 어느 틈엔가 우리의 머리는 그것을 따르도록 세뇌된다. 들리는 것을 어떻게 하느냐고 하겠지만 이 역시 안 들으면 된다.

손도 우리가 다스려야 한다. 주로 죄를 짓는 범인은 우리의 손이다. 이렇게 기도하라.

"더러운 것을 만지지 않겠습니다. 남의 것을 만지지 않겠습니다. 나의 손과 발이 예수님을 전하는 도구가 되게 해주십시오."

"하나님, 나의 손은 깨끗한 손입니다. 나의 손을 축복합니다."

우리는 마음을 새롭게 해야 한다. 그러기 위해서는 노력이 필요하다. 바로 눈으로 귀로 들어오는 것을 조절하고 세상을 닮지 않으려는 노력, 그것이 진정한 크리스천이 되는 길이다.

"하나님, 저를 넘어뜨리는 모든 것을 제거해 주십시오"라고 기도하기 전에 우리는 하나님 앞에 진정으로 '내가 이 세대를 닮지 않겠습니다'라는 결단과 '이 결단을 하나님께서 보호해 주십시오'라고 기도해야 한다. 그리고 구체적으로 그 환경 가운데 들어가지 않도록 노력해야 한다.

하나님은 우리가 진정한 예배를 드리기 원하신다. 진정한 예배란 우리 몸을, 우리 인격을, 우리 시간을, 우리 물질을 하나님께 거룩하고 살아 있는 제물로 드리는 것이다. 이를 위해 구체적으로 이 세대를 닮지 않으려는 노력과 투쟁을 해야 한다. 세상을 거슬러 사는 데는 노력이 필요하다. 대가를 치러야 한다.

물고기 잡기 vs. 잡는 법 가르치기

몽골의 기록이 될 만큼 복강경 수술은 성공적이었다. 수술 결과도 좋기로 소문이 나면서 대기 환자가 100여 명에 달할 만큼 나는 유명세를 타게 되었다. 사람들이 여기저기서 파김치, 파김치 하니까 재미있고 신이 났다.

그렇게 1년 반쯤 지났을 무렵, 그러니까 복강경 수술을 500명쯤 했을 때였다. 한홍 목사님이 쓴 리더십 관련 서적을 읽고 있는데 갑자기 "너 지금 뭐 하고 있느냐? 네가 물고기를 잡으러 온 거냐, 물고기 잡는 법을 가르치러 온 거냐? 언제까지 너만 신나서 물고기를 잡을 테냐?"고 책망하는 하나님의 목소리가 들렸다.

'리더가 떠났을 때 남은 사람들이 아무것도 하지 못해 우왕좌왕하게 만드는 리더가 가장 이기적이고 나쁜 리더라고 했는데, 내가 지금 그 짓을 하고 있구나. 내가 천년만년 있을 것도 아닌데….'

여기까지 생각이 미치자 하나님께 자복하고 회개할 수밖에 없었다.

"하나님, 잘못했습니다. 제 본분을 망각하고 있었습니다. 제가 이곳에 천년만년 있을 것처럼 모든 것을 해주려 했습니다. 저의 교만함을 용서해 주십시오. 이제부터는 하나님 말씀대로 제자를 양성하겠습니다. 제가 다하려 하지 않고 물고기 잡는 법을 가르치겠습니다."

흔히 물고기를 잡지 말고 물고기 잡는 법을 가르치라고 하지만, 사실 선교지에 가면 물고기를 잡는 재미에 빠져서 자기도 모르게 물고기 잡는 법을 가르쳐야 하는 자신의 본분을 망각하곤 한다.

그날 이후 나는 손에서 칼을 내려놓고 제자 삼는 일에 주력하기로 마음먹었다. 먼저 연세친선병원에 있는 의사들부터 가르치기로 했다. 복강경 수술을 처음 해보는 사람들에게 이를 전수하기는 결코 쉽지 않았다. 처음에는 뒤에서 잡아 주면서 하나하나 차근차근 가르쳤다. 잔소리도 많이 하고 혼도 많이 냈다.

"조심해! 그렇게 막 찌르면 뒤에 있는 혈관이 터지잖아!"

마치 어린아이한테 칼자루를 맡긴 것처럼 조마조마했다. 불안해서 한 시도 눈을 뗄 수가 없었다. 급기야 맡겼던 칼을 되찾아오기도 했다. 한마디로 까칠한 파김치로 변한 것이다.

"이리 내! 그러다가 사람 잡겠군. 내가 하는 것 잘 보라고. 이렇게 해야 하는 거야. 알겠어?"

처음으로 제자가 복강경 수술로 쓸개를 떼어 내는 일에 참여했는데 잘못해서 간에 손상을 입힐 뻔했다. 조금만 더 들어갔으면 위험해질 순간에 간신히 제지하고는 가슴을 쓸어내렸다. 이런 일을 한 번씩 겪고 나면 차라리 혼자 하는 게 속 편하다는 생각이 절로 났다. 하지만 다시금 마음을 다잡고 어린아이에게 걸음마를 가르치듯 천천히 하나씩 가르쳤다.

처음으로 복강경 수술법을 전수하는 6개월여의 기간은 실로 고통의 시간이었다. 그러나 고통 없이는 열매도 없는 법. 고통이 큰 만큼 보람도 컸다. 뒤에서 손을 잡아 주다가 어느 순간 손을 떼고 지켜보았고, 조금씩 내가 하던 일을 넘겨주다가 나중에는 나 없이도 수술을 하도록 했다. 처음에는 강가에 애들을 내놓은 것처럼 불안해서 볼 수가 없더니 시간이 지날수록 흐뭇한 미소로 지켜보게 되었다.

'아, 힘들어도 이렇게 하면 되는구나!'

첫 번째 제자를 배출하고 나니 어느 정도 자신감이 붙었다. 그 즈음 국립병원의 교수들로부터 연락이 왔다.

"파김치, 소문이 대단해요. 당신한테 수술 받은 사람들의 칭찬이 자자해요. 수술 부위를 많이 째지도 않으면서 결과가 아주 좋다더군요."

"별 말씀을요. 과찬입니다."

"과찬이라뇨. 이러다 환자들 다 뺏기겠는걸요. 그래서 말인데 파김치 당신한테 복강경 수술을 배울 수 있을까요?"

그들은 사뭇 진지한 표정으로 내게 정중하게 요청했다. 거절할 이유가 없었다. 아니, 이것은 하나님이 주신 기회임에 틀림없었다. 물고기 잡는 것을 이제 그만하고 잡는 법을 가르치라고 말씀하신 하나님께서 그 길을 열어 주신 것이다.

"그럼요! 가능하고말고요."

이후 하나님은 현지 의사들에게 새로운 의료 기술을 전수해 제자 삼을 수 있는 장을 계속해서 열어 주셨다. 그러더니 이들을 중심으로 복강경 학회를 창립하게 하셔서 나를 초대 회장으로 세우셨다. 이로써 좀 더 체계적으로 몽골의 의학 발전에 기여할 수 있게 됐다.

복강경 전도사로서 제자들을 거느리게 되니까 자연스레 그들에게 복음이 들어가서 같이 말씀도 보고 기도도 하며 신앙생활을 하게 되었다. 같이 근무하던 수제자 몽골인 의사는 부인과 함께 제 발로 하이르 교회를 찾아왔다.

최근 아이티를 두 차례 다녀왔는데 내가 거기서 뭘 많이 해주는 것보다 더 중요한 것은 현지 의료인을 세우는 일임을 다시 절감하며 돌아왔다. 현지인을 세우는 일은 시간도 많이 걸리고 집중해서 공을 들여야 한다. 사람의 생명을 다루는 의료는 특히 더 공을 들여야 한다. 그리고 의료

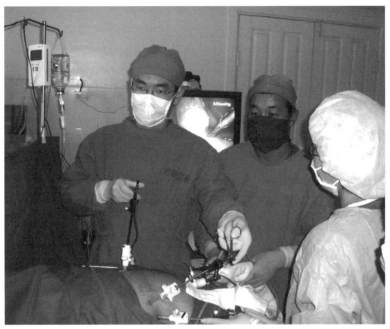

복강경 수술을 하는 모습. 배를 째지 않고 관을 박아서 관을 통해 모니터를 보면서 수술한다.
오른쪽은 수제자인 바트새홍

기술만 전수하는 것이 아니라 나와 같은 마음으로 일할 수 있는 현지인
제자를 만들어야 한다. 나중에 다시 다루겠지만, 현지 사역자를 기르는
일은 내가 지금 하고 있는 일과도 연관되어 있다.

  나는 애초에 교수에 뜻이 없었다. 그럼에도 하나님이 나를 교수의 자
리에 앉히신 것은 여기서 내가 할 일이 있기 때문일 것이다. 현지 선교사
님들이 어떻게 현지 의사들을 제자 삼겠는가? 그것은 쉽지 않다. 지금 우
리 고대 병원에 마다가스카르, 아이티, 몽골 등에서 의사들이 교대로 와

의과대학 교수들에게 수술 교육 후 수료증을 발급했다.
왼쪽은 현 몽골의과대학 외과 주임교수인 세르겔렝 교수인데 나중에 내가 소송으로 궁지에 몰렸을 때 도와주었다.

서 연수를 받고 있다. 내가 지금 이 자리에 있으니 가능한 일이다. 현지 의사들을 키우고 그들과 함께 가는 게 가장 좋은 선교 전략이다.

순종하면 선한 열매가 열린다, '카자흐족 이야기'

나는 목회를 하면서 믿음이 정말 많이 자랐다. 성령의 기름 부으심으로 이전에 알지 못하던 하나님 차원의 일들을 체험하게 되었고 지경도 넓어졌다. 2002년 3월 하이르 교회를 맡게 되었고, 5월에는 경배와찬양 예배 인도자 세미나를 시작으로 8월에는 경배와찬양학교와 큰잔치까지 정신없이 내달렸다. 그리고 경배와찬양 큰잔치가 끝나기가 무섭게 바로 다음날부터 동서남북으로 흩어져 아웃리치를 떠났다.

선교에 있어 몽골의 지정학적인 이점을 살려 중국의 내몽골, 홉드 아이막, 중국과 러시아의 국경을 밟고 오는 땅 밟기 팀, 그리고 바양을기 이렇게 4팀으로 구성했다. 하나님은 이상하게도 경배와찬양 사역을 준비하면서부터 내게 바양을기라는 곳을 마음에 품게 하셨다.

바양을기는 몽골의 가장 서쪽에 있는 지역인데 울란바토르에서 1,700km 떨어진 곳으로 소수 민족인 카자흐족이 모여 사는 곳이다. 카자흐스탄과 접경을 이루기 때문에 카자흐인들이 대부분이고 90%가 무슬림이었다. 따라서 아직 교회가 없었고, 영어를 가르치는 선교사들 몇 명만 들어가 있는 상황이었다. 물론 한국인 선교사는 없었다.

나는 하나님의 응답하심을 듣고 닫힌 문을 여는 것이 의료 선교의 역할이라 생각하고 그곳에 가기 위해 준비했다. 그런데 처음부터 문제가 발생했다. 비행기 표가 없는 것이다. 울란바토르에서 그곳까지 차로 가면 밤낮 4일을 달려야 해서 꼭 비행기를 타야 했다. 하지만 백방으로 알아봐도 도저히 표를 구할 수가 없었다.

'이대로 포기해야 하나? 혹시 하나님의 음성을 잘못 들었나?'

여러 가지 생각들로 마음이 복잡했다. 그럴 때는 다른 방법이 없었다. 그저 하나님 앞에 엎드려 기도하는 수밖에.

"하나님, 어떻게 해야 합니까? 아무리 알아봐도 바양을기에 갈 방법이 없습니다. 이대로 포기해야 합니까? 제가 할 수 있는 건 다해 봤는데도 열리지 않는 걸 보면 혹시 제가 하나님의 음성을 잘못 들은 건가요? 바양을기가 아니라면 다시 말씀해 주세요."

하나님의 응답은 지체함이 없었다.

"바양을기로 가라. 어떤 희생을 치르고서라도 반드시 가라. 거기 가면 이미 모든 게 준비되어 있다."

하나님의 말씀은 분명하고도 단호했다. 순종하는 마음으로 무슨 방법이 없나 찾아보다가 'Blue Sky Aviation'이라는 외국 선교사들이 운영하는 항공사가 있다는 정보를 입수하고 곧장 찾아가 사정을 설명했다.

"그런 일이라면 발 벗고 도와드려야죠."

나의 설명을 듣더니 그들은 흔쾌히 승낙했다. 하지만 운임이 문제였다. 편도에 1만 달러 정도 하는데 특별히 4,000달러까지 할인해 주고, 나머지는 자기네 선교단체에서 부담하겠다고 했다. 정말 파격적인 가격이었지만 경배와찬양에서 준비한 아웃리치 예산은 2,000달러였기 때문에 모자란 재정을 개인적으로 부담해야 하는 상황이었다.

'2,000달러라면 하이르 교회의 몇 달 예산인데…'

쉽게 결정할 수 없었다. 그날 밤 집에 돌아와 기도했다.

"하나님, 다시 한 번 아버지의 사인을 구합니다. 말씀으로 확인시켜 주시면 군말 없이 감행하겠습니다."

다음날 아침, 하나님은 그날 큐티 말씀을 통해 아주 분명하게 말씀해 주셨다. 고린도후서 2장 12절 말씀이었다.

"내가 그리스도의 복음을 위하여 드로아에 이르매 주 안에서 문이 내게 열렸으되.”

이 말씀을 보는 순간 숨이 멎는 줄 알았다. 말씀하시는 하나님, 살아 계신 하나님, "내가 바양을기에 이르매 닫혀 있던 그 땅의 문이 열릴 것"이라고 말씀하시는 하나님을 의지하여 통장의 잔고를 탈탈 털어 비행기 티켓을 샀다.

자가용 경비행기에 집사람과 간호사 1명, 현지인 통역 1명, 경배와찬양 스태프로 이루어진 드림팀 5명, 이렇게 9명이 타고 무작정 바양을기로 향했다. 오직 하나님의 말씀을 붙잡고 아무하고도 연락하지 않은 채 진료 사역 준비만 해 가지고서.

처음 보는 조그만 비행기가 착륙하자 여러 사람이 모여들었다.

"나는 연세친선병원에 근무하는 외과의사입니다. 여러분을 진료해 주러 왔습니다. 도지사를 만날 수 있겠습니까?"

그중 한 사람이 나섰다.

"내가 만나게 해드리죠. 도지사와 아주 잘 아는 사이거든요. 호텔도 하나 운영하고 있으니 여기 머무시는 동안 저희 호텔에 묵을 수 있도록 제가 안내하겠습니다. 따라오시죠."

가면 모든 것이 준비되어 있을 것이라던 주님의 말씀대로 일이 일사천리로 진행되었다. 도지사를 만나 도립병원에서 진료할 수 있게 해달라고 했더니 바로 그 자리에서 병원장에게 전화를 넣어 주었다. 어찌 보면 굉장히 황당한 상황인데도 앞서 일하시는 하나님이 미리 조율해 놓으셨는지 일이 술술 풀렸다. 도지사는 다음날부터 도립중앙병원에서 진료할 수 있도록 모든 편의를 제공해 주었고, 자체 방송 시설로 우리의 진료 상황을 방송해 주었다.

'문이 열려 있다는 말씀이 이거였구나!'

하나님의 인도하심에 감탄을 금할 길이 없었다.

아내와 나는 산부인과와 외과 진료를 맡았다. 병원은 이른 아침부터 북새통을 이뤘다. 정말 많은 환자들이 와서 서로 번호표를 먼저 받으려고 싸우기까지 했다. 진료하면서 환자들을 유심히 살펴보니 기도가 필요한 사람들이 눈에 보였다. 무슬림권이고 더군다나 처음이라 조심스럽게 접근해 예수님의 이름으로 기도해 주고 싶다고 하자 의외로 쉽게 마음을 열었다. 비록 믿음의 불모지로 버려진 곳이지만 하나님은 이미 이곳에서 일하고 계셨음을 알았다.

"당신들을 수도로 데려다 수술해 주러 다시 오겠습니다."

복강경 수술이 필요한 환자 몇 명에게 이렇게 약속했다. 그곳에서 치료가 힘든 몇 명의 환자를 울란바토르로 데려다가 무료로 수술해 주고, 이를 통해 바양을기에 베이스를 구축하고자 하는 마음이었다.

돌아와서 얼른 돈을 모아 그 환자들을 데려다 수술해 주어야겠다고 생각하고 있는데 뜻밖의 제의를 받았다. 내 생각을 알게 된 그 항공사 사장이 전액 무료로 환자들을 후송해 주겠다고 한 것이다. 내가 부탁하지도

선교를 위해 비행기도 띄워 주시는 하나님.
바양을기에서 환자들을 데려오기 위해 날아갔다.

않았는데 돌아오는 비행기에서 우리가 하는 얘기를 듣고 그런 결정을 내
린 것이다.

2주 후 다시 그곳을 방문해 5명의 카자흐족 환자를 수도로 데리고 왔
다. 그중 3명이 담낭 수술과 혈관 수술을 받았고, 2명은 정확한 진단과
함께 1년치 약을 주어 돌려보냈다. 몽골에서 5명의 카자흐인이 지내는
동안 선교사님 가정과 하이르 교회 성도들 집에 분산해 숙소를 제공했는
데 그중 교회 성도 집에 머물던 한 명이 예수님을 영접하고 돌아갔다.

그 후 바양을기에서 나는 본의 아니게 유명해졌다. 병원장이 자주 전

화해서는 기다리는 사람이 무척 많다며 언제 다시 올 거냐고 묻곤 했다. 그도 그럴 것이 조그만 마을에 경비행기를 타고 나타나서는 사람들을 진료해 주고, 다음에 오겠다는 약속을 지켜 환자들을 비행기로 태워다가 무료로 수술을 해주었으니 폭풍 감동이지 않겠는가. 게다가 수술하면 배를 길게 가르는 것밖에 모르는 사람들한테 배에 조그만 구멍만 내는 복강경 수술을 했으니 얼마나 좋았겠는가. 수술을 받고 돌아간 사람들의 무용담이 회자되면서 나는 바양을기에서도 대단한 '파김치'가 되었다.

두 달 뒤에 진료가방을 들고 다시 바양을기를 찾았다. 가기 전에 미리 연락을 해서 나한테 수술 받은 사람들은 다 모이라고 해놓은 상태였다. 그들은 이미 나를 신뢰했기 때문에 그들을 모아 놓고 담대히 복음을 전했고, 그들은 향후 카자흐 교회의 복음의 씨앗이 되었다.

병원 앞은 이미 '그분이 오신다더라'는 수준이 되어 500여 명이 장사진을 치고 있었다. 진료실은 이미 준비되어 있었고, 사람들은 어떻게든 나한테 한번 보이려고, 기도 받으려고 난리였다. 사도행전 14장 8-18절을 보면 루스드라에 도착한 바울과 바나바가 걷지 못하던 자를 일으켜 세워 걷게 하자 백성이 바나바는 제우스로, 바울은 헤르메스로 신격화해서 제사를 드리려고까지 하는 장면이 나온다. 병원 앞에 장사진을 친 바양을기 사람들을 보니 그 장면이 생각났다. 루스드라 사람들처럼 나를 하나님 같은 존재로 바라보는 바양을기 사람들에게 나는 복음을 전했다. 그리고 그곳에 교회가 세워졌다. 이후로도 나는 정기적으로 찾아가 환자들을 돌보며 말씀을 전했다. 나중에는 내가 바양을기에 가면 도지사, 병원장, 학교장들까지 영접을 나올 정도였다.

한번은 이런 일도 있었다.

"저희가 무엇을 해드리면 될까요?"

내가 요구하기도 전에 그쪽에서 먼저 물어 왔다.

"젊은 대학생들과 함께 서머스쿨을 진행했으면 좋겠습니다."

마침 온누리교회 협력교회인 다윗공동체가 단기선교를 온다고 해서 나는 100여 명을 예상하고 미술 도구, 피리 등을 준비해 오라고 한 참이었다.

서머스쿨 진행을 위해 다윗공동체와 함께 학교에 도착했을 때 우리는 벌어진 입을 다물지 못했다. 방학 중이었는데도 500명이 넘는 전교생이 강당을 가득 채우고 있었기 때문이다. 그 학생들을 대상으로 영화도 보여 주고 준비해 간 미술 수업도 하고 피리도 가르치며 우리는 나라와 민족을 넘어 하나님의 시민으로서 하나되어 어우러졌다.

하지만 카자흐족의 교회 사역은 몰래 할 수밖에 없었다. 그런데 사역이 한창 무르익었을 때 전도집회를 한 적이 있다. 원래는 무슬림권이고 해서 러브소나타와 같은 문화 행사로 계획했는데 성령님이 너무 강한 마음을 주셔서 '안 되는데, 안 되는데…' 하면서도 복음을 선포하기로 했다. 그런데 놀랍게도 그때 200여 명이 나와서 예수님을 영접했고, 30여 명이 교회에 모여 예배를 드리게 되었다.

카자흐족 학생들.
500명이 넘는 전교생이 강당을 가득 메웠다.

바양울기에서 열린 문화전도집회.
무슬림 지역에서 담대히 복음을 선포했다.

하지만 언어의 한계는 역시 강력했다. 그 무렵 나는 몽골어를 완전히 마스터해서 능숙하게 구사할 수 있었다. 카자흐족도 몽골에 사니까 몽골 말을 했지만 아주 기초적인 정도만 할 뿐 어려운 말을 하지 못했다. 나는 몽골말밖에 모르니 복음 제시까지는 되지만 그 후의 양육은 어려웠다. 그래서 카자흐스탄에 있는 한국 선교사님한테 SOS를 쳐서 내가 들어갈 때 그 선교사님도 동행하여 사역을 진행했다. 그리고 마지막에는 그 선교사님께 교회를 이양하고 나왔다. 나중에 들으니 그 선교사님도 현지인 사역자를 세워 그들에게 교회를 이양하고 돌아갔다고 한다.

바양을기의 카자흐족 사역을 하면서 참으로 많은 것을 배웠다. 내가 만약 그때 재정 때문에 하나님의 부르심에 순종하지 않았다면 이런 큰일을 어떻게 경험할 수 있었을까?

선교지에서의 가장 큰 복 가운데 하나는 매일의 삶 가운데 하나님을 더 깊이 알게 되고, 하나님의 마음을 알아 간다는 것이다. 그것은 바로 미전도 종족을 향한 하나님 아버지의 급한 마음과 잃어버린 양을 향한 목자의 마음이었다.

몽골의 브리야트족은 온누리교회에 입양되어 그래도 타겟팅(tarketing)이 되었지만 무슬림인 카자흐족은 몽골에 사는 줄도 잘 모르는 히든 피플(hidden people)이요 언타겟티드 피플(untargeted people)이었다. 나는 카자흐족 사역을 하면서 하나님 아버지의 마음은 이미 교회가 있고 복음을 들은 민족이 아니라 한 번도 복음을 듣지 못한 민족에게 있음을, 그리고 그들을

카자흐족 할아버지

마음에 품고 나아가는 사람들에게 하나님이 앞서 행하셔서 길을 여시고 그들을 전폭적으로 밀어 주신다는 것을 알게 되었다. 비행기도 띄워 주시고 기적도 일으키시니 말이다. 또한 의료 선교는 단순히 진료에 그치는 것이 아니라 교회 사역을 위한 초석이 될 수 있음을 알게 되었다.

"너는 말씀을 전파하라 때를 얻든지 못 얻든지 항상 힘쓰라 범사에 오래 참음과 가르침으로 경책하며 경계하며 권하라"(딤후 4:2).

아버지, 선교가 행복해요

복음서에 기록된 예수님의 행적을 보면 실로 놀랍다. 어떻게 그 많은 일들을 감당하셨는지, 결코 녹록치 않은 일들을 어떻게 헤쳐 나가셨는지 그저 경이로울 뿐이다. 잘 알다시피 예수님은 천국 복음을 전파하고 말씀을 가르치고 병든 자와 약한 자를 고치셨다. 몽골에서 교회 사역과 의료 사역을 병행하면서 나는 어찌 보면 예수님의 사역에 가장 근접한 일을 경험하는 영광을 누린 것 같다.

병원에서 수술할 때면 늘 예배를 드리듯이 수술했고 결과도 무척 좋았다. 그런 모습을 보면서 수술실 간호사들이 하나 둘 예수님을 영접하기 시작했고 결국 모두가 믿게 되었다. 저녁 회진을 돌면 환자들 한 사람 한 사람을 붙들고 "하나님의 은혜로 수술이 잘 되었습니다. 감사합니다" 하고 기도했고, 복음이 필요한 환자가 보이면 퇴근하면서 간호사들에게 "오늘밤 ○○, ○○, ○○한테 복음을 전해요"라고 부탁했다. 그러면 간호사들이 밤새 그 환자들을 붙들고 복음을 전하고 성경 이야기를 해주었다.

그렇게 전도된 사람들은 하이르 교회로 인도되어 하나님의 지체가 되었다. 수술을 통해 복음이 들어가 하나님을 알게 되고, 말씀을 배우며 신앙이 자라 가는 사람들을 볼 때면 얼마나 감격스럽고 감사한지 몰랐다. 육체의 질병뿐 아니라 그 영혼까지 구원하신 예수님을 따라 내가 사람을 고치는 사역을 한다는 사실이 얼마나 영광스럽던지, 도끼자루 썩는 줄 모른다는 속담처럼 정말 신나게 일했다.

인간적인 생각에서 보면 교회 사역하랴 병원 사역하랴 얼마나 힘들었을까 싶겠지만, 나는 그때가 내 인생에서 가장 행복한 시절이었다고 고백하고 싶다. 사실 수술을 너무 많이 해서 손에 마찰성 건염(복강경 수술 시 똑같은 손가락 근육들만 사용하기 때문에 그 부위가 닳아서 생기는 병. 깁스를 하고 수술을 하기도 했다)을 앓기도 했다. 수술 후 병원에서 퇴근하면 교회 사역을 하고, 다시 밤 10시쯤 회진을 돌며 수술할 사람들을 붙잡고 기도해 주고, 간호사들에게 전도 대상자를 알려 주고 나서 병원 계단을 내려오는 것이 하루 일과였다. 하지만 나는 힘든 줄 몰랐고 마냥 신이 났다.

"하나님, 저 이렇게 행복해도 되는 거예요? 선교지에 와서 이렇게 행복해도 되는 건지 모르겠어요."

매일 하나님께 감사기도를 드렸다. 당시 감사의 은혜에 취해 있던 내가 기록한 글을 일부 소개한다.

벌써 1년 반이 지났습니다. 세월이 얼마나 빠른지…. 돌아보면 하루도 거저 지나간 날이 없습니다. 하루하루 보호하고 인도하시는 손길을 느끼며 하나님을 날마다 만나는 시간이었습니다. 한국에 있었다면 상상도 할 수 없었던 복과 은혜를 맛보았지요. 몽골에 있는 동안 하나님의 마음을 더 깊이 이해하게 되었습니다.

지금까지 단 한 번도 몽골에 온 것을 후회한 적이 없습니다. 오히려 하나님은 내가 다시 태어나도 선교사로 살고 싶다는 헌신과 고백을 하게 하셨습니다.

부족하고 죄 많은 나를 불러 주신 하나님, 그것이 얼마나 영광스런 부르심인지 이제는 너무나 잘 알고 있습니다. 나를 사랑하시고, 나보다 앞서 가서 일을 이루시고, 그 일 가운데 초청하셔서 하나님을 경험하게 하시는 하나님, 지난 시간 동안 이룩한 모든 사역은 하나님이 계획하시고 진행하시고 이루신 일이었습니다.

저는 지금 하루하루가 정말 행복합니다. 아침을 시작할 때마다 말씀으로 만나 주시는 하나님, 내가 어디로 어떻게 나가야 할지 정확히 가르쳐 주시고, 인도해 주시는 하나님으로 인하여 정말 행복합니다.

하이르 공동체 사역자들과 함께 기도하고 나눌 때면 내가 우리 동역자들을 얼마나 사랑하는지, 또 내가 동역자들로부터 얼마나 큰 사랑을 받고 있는지 순간순간 깨달아져서 너무나 감사하고 행복합니다.

현지인 리더들과 모임을 갖고 기도할 때면 이들이 나를 목자로 인정하고 존경하며 사랑하는 것을 인하여 행복합니다. 무엇보다 내 안에 양 떼들을 향한 불같은 사랑이 있음을 주께서 아시기에 감사합니다.

또 외과의사로서 수술한 환자들이 건강하게 회복되는 것을 보면 정말 행복합니다. 진정한 치료자이신 하나님의 도구로 일하는 것이 얼마나 감사한지 모릅니다.

경배와찬양의 예배 인도자로서 몽골 땅에서 몽골어로 몽골 사람들과 함께 한 영으로 하나님을 찬양할 수 있는 특권을 주신 것을 인하여 하나님께 감사합니다.

(중략)

아마 이 밤을 새도 제가 왜 행복한지 다 적을 수 없을 것입니다. 하나님의 영광스러운 부르심을 받은 것만도 감지덕지한데 이루 셀 수도 없는 복을 주신 하나님을 인하여 감사드립니다. 그저 부르심에 순종한 것뿐인데 하나님은 백 배 천 배의 복을 주셨음을 인하여 하나님께 찬송을 드립니다. 이런 순종이면 백 번이고 천 번이고 하겠다고 다짐합니다.

2005년 몽골을 떠날 때 연세친선병원에서 송별식을 해주었다.
난 정말 행복한 선교사였다.

　말도 안 되는 죄인이 하나님의 은혜의 부르심에 초청되어 말도 안 되
는 하나님의 능력을 체험하며, 말도 안 되는 행복한 삶을 사는 것, 이것이
바로 선교사의 삶이다. 하나님과 가장 가까이 사는 것, 그것이 가장 행복
한 삶이다.

아버지의 마음에 클릭되다, '차튼족 이야기'

바양을기의 카자흐족을 향한 하나님 아버지의 마음을 알고 나서부터 나는 사역의 포커스를 아직 복음이 미치지 못한 사람들, 숨겨진 사람들에게 맞추게 되었다. 당시 단 한 명도 예수님을 알지 못하던 차튼족도 내 마음을 뺏기에 충분했다.

차튼족은 몽골의 서북쪽에 위치한 차강노르라는 마을에서 가까운 해발 3,000m가 넘는 고지에서 순록을 키우며 사는 소수 민족이다. 족내혼으로 인한 유전병으로 그 수가 점점 줄어 400여 명밖에 남지 않은 희귀

순록 유목민인 차튼족의 아이

종족이기도 하다. 세계의 많은 학자들이 이 민족의 유전학적 가치를 알고 연구 대상으로 삼은 것도 불과 몇 년 전부터다.

2000년에 마르티스 교회 김성철 목사님과 홉스걸 호수 근처에서 처음으로 차튼족을 만났다. 2~3년 동안 주변만 맴돌다가 2003년 여름 산속에 사는 그들을 찾아가 만나게 되었는데 그때 나도 동행했다. 그때는 정탐차 갔기 때문에 복음을 전하지 못하고 그들이 사는 모습만 보고 왔다. 그리고 2004년 여름 연세친선병원 의료팀과 차튼족 사역의 비전을 품은 마르티스 교회가 협력해서 그들을 두 번째 찾아갔다.

선교지에 있으면 해마다 수많은 단기팀이 찾아온다. 그 해에도 13개 팀이 다녀갈 예정이어서 여름 사역을 배분하면서 하나님께 여쭈었다.

"차튼족은 어느 팀과 함께 갈까요?"

"서빙고 JDS(예수제자학교) 팀과 가거라."

"그 팀은 아줌마 부대인데요. 10시간 넘게 말도 타야 하는데… 정말이세요?"

흠칫 놀라며 하나님께 되물었다.

"JDS팀이 나의 뜻이다."

하나님의 의지는 확고했다.

일정이 확정되면서 JDS팀에 준비할 것들을 적어 이메일을 보냈다.

그곳에 가서 저는 현지인 의사들과 함께 진료와 수술을 할 것입니다. 몇 분은 저를 도와주시고 나머지 분들은 2-3조로 나뉘어 그곳의 가정을 방문해 기도하고 전도하고 사진 찍어 주고 아이들과 놀아 주고 그 사람들 얘기 들어주고… 그런 일을 하시면 됩니다. 폴라로이드 카메라와 필름을 충분히 가지고 오시면 좋겠습니다. 그들이 아주 좋아합니다. 그리고 현지에 두고 갈 수 있으면 좋겠습니다.

울란바토르에서 무릉이라는 곳까지 비행기로 이동한 후 거기서 차로 20시간 정도 가면 차강노르에 도착하게 됩니다. 그곳에서 하루 진료하고, 다음날 하루 종일 차 타고 말 타고 산꼭대기로 올라가 이틀간 차튼족을 섬길 예정입니다.

잠자리가 불편하실 겁니다. 또한 산 위는 굉장히 춥습니다. 텐트를 3개 정도 준비하세요. 좋은 침낭이 필요합니다. 식사는 팀이 같이 해먹을 텐데 거의 전투 식량에 준해 준비하셔야 할 겁니다.

차튼족을 찾아가는 길은 험난했다. 수도인 울란바토르에서 무릉까지 비행기로 이동한 뒤 차강노르까지 차로 20시간을 달려야 했다. 거기서 하루 진료를 하고 다음날 아침 일찍 차튼족을 만나러 출발했다. 산 밑까지 차로 이동해 준비된 말을 탔다. JDS 팀원 대부분이 말을 처음 타 보는 터라 간단한 승마 상식을 가르치고 말 타는 연습을 했다.

"'츄!'는 우리말의 '이랴!'와 같아요. 앞으로 가라는 소리죠. '오땅, 오땅'은 '천천히, 천천히'라는 뜻이에요. 말의 뒤쪽으로는 절대 가지 마시고요."

팀원들은 조심스레 말에 올랐다. 다들 긴장한 모습이 역력했다. 행여나 떨어질세라 두 손으로 고삐를 꼭 쥐었다.

"이거 왜 이래요?"

"어어— 어디로 가는 거야?"

"말이 안 가고 먹기만 해요."

여기저기서 아우성이 터져 나왔다.

조심스레 이동을 시작했다. 맑은 날씨에 아름다운 풍경이 펼쳐졌고 찬양이 흘러나왔다. 그러나 그것도 잠시, 느닷없이 짐을 실은 말이 달려들면서 순식간에 세 사람이 말에서 떨어졌다.

툭!

떨어질 때 소리가 심상찮아 얼른 말에서 내려 진찰해 보았지만 잘 알수가 없었다. 사역이 끝난 뒤 나중에 안 사실이지만 낙마한 3명 중 2명이 크게 다쳤다. 한 사람은 척추가 부러지고 다른 사람은 갈비뼈 세 대가나간 상황이었다. 결국 내가 온누리교회 선교본부에 사유서를 쓰게 된, JDS 아웃리치 역사에서 한 획을 그은 유명한 사건으로 기록되었다.

이후에도 낙마하는 사람들이 속출했다. 말이 넘어지면서 물에 빠지기도 하고, 세 번씩이나 낙마한 자매는 마지막에 신발이 편자에 끼어 2-3m를 질질 끌려갔다. 하지만 어느 누구 하나 아픈 내색 하지 않고 묵묵히 산을 오르고 또 올랐다.

"이제 조금만 더 가면 됩니다. 다들 힘냅시다!"

지난해에 다녀온 터라 거의 다 왔다 싶었다. 하지만 그곳에 도착하면 차튼족은 없었다. 산을 세 개나 넘고 말을 탄 지 6시간이 지났다. 거기서 포기할 수는 없었다. 잠시 휴식을 취하고 나서 다시금 전열을 정비해 산을 오르기 시작했다. 가도 가도 끝이 없고 아무리 쳐다봐도 차튼족의 게르(몽골 유목민의 전통 가옥, ger)는 보이지 않았다. 모두가 지쳐 갈 무렵 앞서 가던 현지인 헬퍼가 외쳤다.

"저기 게르가 보입니다!"

차튼족을 향해 10시간 동안 말을 타고 숲을 헤치고 갔다.
100년 전 선교사님들도 이렇게 복음을 전하셨으리라.

차튼족을 찾아가는 길에서

　다섯 개의 산을 넘어 말만 10시간을 탄 끝에 한 명의 낙오자도 없이 드디어 차튼족 마을에 도착했다. 누가 먼저랄 것도 없이 땅바닥에 엎드려 아이들처럼 목 놓아 울었다. 나도 울고 그분들도 울었다.

　"왜 그렇게 우셨어요? 너무 힘들어서 그런 거예요?"

　나중에 물었더니 그분들이 하는 말이 이랬다.

　"하나님 아버지께서 이 민족을 얼마나 사랑하시면 우리를 이렇게까지 해서 보내시겠어요. 차튼족을 향한 하나님 아버지의 마음이 전해져서 우리 모두 엎드릴 수밖에 없었어요."

　말하는 사람도 울먹이고 듣는 사람도 울컥 하는데 또다시 눈물바다가

드디어 차튼족을 만났다!

되었다.

 그 어느 때보다 충만한 하나님 아버지의 마음을 품고 진료를 하고 수술을 했다. JDS 팀원들은 집집마다 돌아다니며 준비해 온 비타민과 기생충약 등을 나눠 주고, 가족 사진을 찍어 주었다. 풍선과 스티커는 아이들에게 인기만점이었다.

 낙마 사고로 심한 부상을 당한 지체들 때문에 하산하는 일이 걱정이었다. 아무래도 말을 타고 내려가는 것은 무리였다. 헬리콥터가 오면 좋겠는데 그때가 마침 나담 축제 기간이라 쉽지 않았다. 하나님께 헬리콥터를 보내 달라고 죽을힘을 다해 함께 기도했다. 다시 10시간 동안 말을 탈 생각을 하니 엄두가 안 나는지 너무나 간절했다. 평생 그렇게 무섭게 기도하는 모습은 처음 보았다. 그런 우리에게 주님은 시편 27편 13-14절 말씀을 주셨다.

"내가 산 자들의 땅에서 여호와의 선하심을 보게 될 줄 확실히 믿었도다 너는 여호와를 기다릴지어다 강하고 담대하며 여호와를 기다릴지어다."

하지만 다음날 아침까지도 연락이 없었다. 우리는 함께 모여 무엇이든 주님의 뜻에 따르겠다고 고백했다. 그때였다.

띠리리링-.

울란바토르에서 온 전화였다.

"헬기가 그쪽으로 갈 수 있게 됐습니다."

"그게 정말입니까?"

나는 좀처럼 믿기지 않아 되물었다.

"○○○ 국회의원이 예약한 일정이 취소되었거든요. 오후 5시쯤 그쪽으로 갈 테니 준비해 주세요."

"네, 알겠습니다. 감사합니다!"

통화 내용을 들은 팀원들은 일제히 환호성을 질렀다.

"할렐루야!"

차튼족 오지마을에서 임파선 종대 수술을 해준 아이(위).
7년만에 다시 만났을 때 아이는 믿음을 가져 신앙생활을 잘하고 있었다(아래).
복음의 씨앗이 잘 자랐다.

"하나님, 감사합니다!"

여기저기서 감사의 고백과 눈물이 터져 나왔다.

산을 내려가는 문제가 해결되면서 차튼족과 주일예배를 드릴 수 있는 시간이 주어졌다. 그들도 동참할 수 있도록 전략적인 접근이 필요했다. 말씀이 선포되고, JDS팀의 특송은 노래자랑이 되어 차튼족의 아이들과 아저씨들의 참여를 이끌어 냈다.

차튼족을 섬기는 일은 순간순간 믿음의 결단을 요구했다. 영적 전쟁이 무엇인지, 기도가 무엇인지, 복음을 전하는 자들이 치러야 할 대가가 무엇인지, 그리고 무엇보다 하나님 아버지의 마음이 어떤 것인지 깊이 이해할 수 있는 시간이었다.

그들을 찾아가는 험난한 여정에서부터 이미 하나님 아버지의 마음을 깊이 마음에 새기게 된 서빙고 JDS팀은 차튼족을 품은 든든한 중보 기도 자들로서 지금도 차튼맘이라는 이름으로 그들을 위해 기도하고 있다. 나도 몽골을 생각하면 항상 그들이 제일 먼저 떠올라 가야지, 가야지 하다가 7년이라는 시간이 훌쩍 지났다. 그리고 7년 만에 다시 밟은 그 땅에서 지난 시간의 기도가 열매를 맺었음을 볼 수 있었다.

네가 몽골 사람을 사랑하느냐?

"다 알 수 없네 주의 은혜 내 죄 위한 주 십자가-"

'빛 되신 주'라는 찬양의 가사 중 일부다. 우리가 어떻게 해도 크고 넓은 하나님의 사랑을 다 측량할 수도, 다 알 수도 없다. 그저 주께서 가르쳐 주시는 만큼만 조금씩 알아 갈 뿐이다. 나 역시 처음부터 몽골 사람을 사랑한 것도, 그들을 향한 하나님 아버지의 마음을 안 것도 아니다.

몽골에 들어간 지 넉 달쯤 되었을 때였다. 연세친선병원의 초대원장이던 전의철 선교사님이 7년여의 사역을 정리하고 한국으로 귀국하게 되었다. 이 병원을 세우는 중추 역할을 했을 뿐 아니라 연세 NGO도 세우고, 구제 사역과 의료 사역 등 이루 헤아릴 수 없이 많은 일을 한 선교사님이었다. 병원 식구들과 송별 모임을 하는 자리에서 선교사님은 마지막 당부의 말을 했는데 그것이 내게는 큰 도전이 되었다.

"나는 이곳에서 많은 일을 하고 구제를 했습니다. 어쩌면 그것은 선교 후원을 받는다는 부담과 사역에 대한 부담 때문인지도 모릅니다. 하지만 몽골에 있는 동안 몽골 사람을 더 많이 사랑하지 못한 것이 가장 마음 아픕니다. 여기 남아 있는 여러분은 부디 그들을 더 많이 사랑하시기 바랍니다."

일흔을 바라보는 노선교사님은 눈물을 흘리며 우리에게 당부했다. 그 말씀은 내게 충격으로 다가왔다. 뭔가 강한 것으로 뒤통수를 얻어맞은 기분이었다.

"네가 몽골 사람을 사랑하느냐?"

'그렇다'고 자신 있게 대답할 수가 없었다.

"하나님께서 보내서 이곳에 왔습니다."

"저는 몽골이라는 나라를 사랑하고 좋아합니다. 이곳에 있는 것이 보람되고 즐겁습니다."

"저는 몽골 사람들을 섬기고 봉사하러 왔습니다."

여러 다른 말로는 대답할 수 있지만 "내가 몽골 사람을 사랑합니다"라

몽골 사람을 사랑하라는 큰 가르침을 주셨던 전의철 연세친선병원 초대원장님의 송별회 모습.
노선교사님의 눈물에서 평생 간직해야 할 교훈을 얻을 수 있었다.

고 자신 있게 대답할 수는 없었다.

　냄새나고 더러운 환자에게는 기꺼이 다가서지 못하고, 길거리에서 잠을 자야 하는 사람들을 봐도 아무런 감흥이 없고, 내게는 몽골 사람을 사랑하는 마음이 없었다. 그것이 너무나 충격적이었고 당황스럽고 하나님께 죄송스러웠다.

이후 이것 때문에 하나님의 도우심을 바라며 기도했다. 그러다 몽골에 와서 처음으로 수술한 날 회복되어 가는 환자를 보면서 그들이 사랑스럽다고 느꼈다. 그들을 향한 하나님 아버지의 마음이 내가 지금 외과의사로서 갖게 된 아비의 심정과 같은 것이겠구나, 그런 생각을 했다. 이후 몽골 사람들과 만나고 부딪치는 일들이 즐겁고 편해졌다. 그리고 하이르 교회를 맡아 사역하면서 그 아비의 마음이 더 깊어졌고, 경배와찬양 사역과 카자흐족, 차튼족 등을 만나면서 더더욱 깊어졌다.

아무리 생각해도 평신도 선교사로서 교회 사역을 할 수 있었던 것은 하나님의 특별한 은혜였다. 이 사역을 통해 나는 성도들을, 그 땅의 영혼들을 하나님 아버지의 시선으로 바라볼 수 있게 되었고 그들을 정말 사랑하게 되었다. "내 양을 먹이라"고 하신 주님의 말씀처럼 내가 맡은 영혼들이 양 떼로 보이기 시작한 것이다.

물론 양 떼 중에는 속을 썩이는 이들도 적지 않았다. 술 마시고 와서 난동을 부리는가 하면, 돈을 빌려 가서는 갚지 않는 사람도 있었고, 교회 리더로 세웠더니 여자 문제를 일으킨 사람도 있었다.

그런데 신기한 것은 그들이 전혀 밉지 않고 상한 마음을 고쳐 줘야 할 불쌍한 환자로 보인다는 것이다.

'아, 저 사람은 지금 아프지. 환자니까 내가 고쳐 줘야지.'

예수님의 긍휼한 마음이 내게 부어지면서 양 떼가 환자로 싱크(Sink) 되었다.

한편 병원에서는 환자들이 양 떼로 보였다. 환자들의 육적인 병보다 그들의 영적인 상태가 먼저 눈에 들어와 더 안타까웠다.

'저 사람은 기도해 주면 좋겠구나.'

이처럼 몽골에서 사역할 때 하나님이 주신 가장 큰 선물은 환자가 하나님이 맡기신 양 떼로 싱크된다는 사실이다. 지금도 도무지 이해할 수 없는 환자를 만나도 그들이 밉지 않고 용납이 되고 이해가 된다. '저 영혼이 아파서 저러지' 하는 마음 때문이다. 그리고 환자들이 양 떼로 보여서 기도하고 복음을 전하면 영락없이 100% 예수님을 영접하게 된다.

이런 하나님의 특별한 선물 덕분에 장기이식 분야가 힘들고 헌신이 필요한 일인데도 기쁘게 일할 수 있다. 환자들과 공동체라는 생각으로 1년에 한두 번씩 야유회를 가고, 필요할 때면 컨설팅을 해주는 것도 바로 영혼을 사랑하시는 하나님 아버지의 마음이 내 안에 부어졌기 때문이다. 이 선물은 내 평생 소중하게 간직해야 할 보물이다. 주님 앞에 가는 날까지 그 마음을 따라 살고 싶다.

가장 감격적인 순간 Best 3

심재학 기념 의학도서관 건립

'같이 왔으면 좋았을 텐데….'

몽골에 가 있는 동안에도 옆구리가 시린 것처럼 재학이 생각이 났다. 몽골 선교를 함께 품고 다짐하며 친형제처럼 의지하던 친구가 아니던가.

몽골에 도착해서 재학이를 기념할 만한 일을 찾아보다가 의학도서관에 생각이 미쳤다. 몽골의 의료 수준이 떨어지는 이유는 책이 부족해서였다. 그들은 20-30년 전의 러시아 책으로 공부하고 있었다. 재학이가 남기고 간 책만 해도 이곳에 오면 귀한 자료가 될 수 있는데, 거기에 친구들과 선후배들이 책을 기증해 주면 영어로 된 의학서적을 갖춘 도서관을 만들 수 있을 것 같았다. 이를 위해 여러 사람들에게 기도를 요청하며 백방으로 뛰어다녔지만 일이 진척되지는 않았다.

'이대로 포기해야 하나? 재학이를 위해 뭔가를 해야 하는데….'

길이 열리지 않아 속앓이만 하다가 2년이 지난 2004년 몽골의 동쪽 끝 도르노트 아이막의 도립병원(몽골에서 두 번째로 큰 병원이다)에서 도서관을 만들어 달라는 요청을 받았다.

그래서 재학이 얘기를 하며 정중하게 물었다.

"심재학 기념 의학도서관을 만들고 싶은데 괜찮겠습니까?"

병원측에서는 내 제안을 흔쾌히 받아들였다.

"그렇게 의미 있는 일이라면 더 좋습니다."

그날 바로 한국에 이메일을 보냈다. 사정을 설명하고 의학 도서를 모아 달라는 내용이었다. 온누리교회에서 하용조 목사님이 직접 광고를 하고, 교회 신문에도 기사를 실어 한 달 사이 5,000권이 모아졌다.

드디어 2004년 6월 도르노트 도립병원에 설립된 심재학 기념 의학도서관 개관식이 열렸다. 재학이 부모님도 모시고 재학이 유품들도 갖다 놓았다. 함께 오지 못하고 먼저 하늘나라로 간 친구에 대한 빚을 갚은 마음이었고, 한 알의 썩어진 밀알이 백 배, 천 배로 열매를 맺는다는 의미를 깨닫게 된 감격스런 날이었다.

도서관 건립 과정을 보면서 나는 또 한 번 하나님의 때가 있다는 것을 알게 되었다. 2002년에 나의 열심으로만 도서관을 지었다면 번듯하지도 못했을뿐더러 관리도 제대로 안 돼 오히려 재학이에게 미안할 뻔했다. 하지만 하나님이 정하신 때인 2004년은 이교자 목사님이 그 지역에 파송된 때였다. 이 목사님이 그곳의 매니저로 있으면서 훌륭하게 관리되었을 뿐 아니라 그 지역의 문화센터 역할을 하게 된 것이다. 더구나 그 무렵에는 나도 몽골 의학계에서 명성이 높아져 그 병원에 복강경 수술 기계도 기증하고 수술도 도울 수 있었다. 하나님은 정말 기가 막힌 타이

심재학 기념 의학도서관 개관식에서

심재학 기념 의학도서관 개관식에 참석하기 위해 도르노트에 온
재학이 부모님과 함께

밍에 도서관을 열게 해주신 것이다.

하나님은 때로 우리에게 'Wait' 하라는 사인을 주신다. 그런데 우리는 조바심이 나서 참지 못하고 우리 힘으로 그 일을 하려고 애를 쓰다가 실패를 반복하곤 한다. 하나님의 말씀을 믿음으로 붙들고 기다리면 하나님은 하나님의 때에 더 크고 놀라운 것으로 채워 주신다.

심재학 기념 의학도서관에는 영어로 된 의학 도서를 비롯해 영어 동화책, 영어 비디오테이프 등도 비치되어 있고 CGN TV도 설치되어 있다. 현지 의료인과 청년들의 전도를 위한 좋은 접촉점이 되고 있으며, 브리야트족 전도의 전초기지 역할을 하고 있다.

2005년 2월에는 연세친선병원에 제2호 심재학 기념 의학도서관을 개관했다. 서울대학교의 교수님 한 분이 많은 책을 기증해 주셨고, 재학이 부모님께서 컴퓨터를 기증해 주어 조그만 규모의 도서관을 열게 된 것이다.

심재학 기념 의학도서관을 보고 다른 데서도 만들어 달라는 요청을 많이 받았다. ECC(TIM 소속 NGO, 동서문화개발교류회) 명의로 만들었는데 그 뒤로 한 번 더 시도했으나 잘 안 되었다. 마다가스카르에 나가 있는 선배 선교사님도 요청해서 일을 진행해 보았지만 잘 안 됐다. 이처럼 다른 곳에서는 뜻을 세워도 실천으로 옮기기가 쉽지 않은 심재학 기념 의학도서관이 몽골에서만 1, 2호까지 세워진 것은 때를 기다리며 일하시는 하나님의 전적인 은혜였음을 그 과정을 지켜보며 깨달았다. 정말이지 하나님이 일을 하시면 얼마나 치밀하고 주도면밀한지 감탄밖에 나오지 않는다.

경배와찬양 몽골어 CD 발매

믿음은 내가 절대로 할 수 없는 일을 하나님의 능력을 힘입어 해 나가면서 자라는 것 같다. 수술은 외과의사인 내가 할 수 있는 일이지만 교회에서 설교하고 성령의 역사를 일으키는 일은 내 힘으로 할 수 있는 일이 절대 아니다. 도무지 할 수 없는 일을 하나님의 기름 부으심으로 해내었을 때, 하나님이 어떤 분인지, 또 내가 누구인지 알게 되었고 믿음도 쑥쑥 자라났다.

특히 경배와찬양 사역을 하면서 나는 많은 것을 경험했고 믿음의 차원도 깊어지고 넓어졌다. 때가 차매 하나님은 일사천리로 몽골 땅에 경배와찬양 사역을 일으키셨다. 악기 하나 제대로 못 다루고 노래도 못하는 나를 찬양 인도자로 세우시고는 기름을 부으셨다. 하나님의 손에 이끌려 찬양 사역을 감당하면서 마음에 소원을 품고 2년 가까이 기도한 것이 있었다.

"하나님, 이곳에 찬양 CD가 필요합니다. 이 땅의 젊은이들이 날마다 새 노래로 하나님을 찬양하기 원합니다. 새벽이슬 같은 주의 청년들이 주님 앞에 나와 기뻐 뛰면서 찬양하기를 원합니다. 더 많은 노래가 몽골어로 나오게 해주십시오. 이 땅에 있는 당신의 백성을 위해 몽골어 찬양 CD를 낼 수 있도록 도와주십시오. 그것이 몽골의 잃어버린 영혼들에게 하나님의 사랑을 전하는 선한 도구가 되게 해주십시오."

하나님은 먼저 경배와찬양 헌신자 훈련학교를 통해 사람을 준비시키셨다. 월례 모임과 목요모임을 통해 새 노래를 배우게 하셨다. 그리고 마침내 역사적인 순간이 다가왔다. 1년 넘게 준비한 경배와찬양 몽골어 찬양 CD를 녹음하게 된 것이다. 나는 그 일에 제작 책임자(executive producer)로서 따로 교회를 빌리고, 경배와찬양 헌신자들을 불러 모았다. 녹음 장비들은 한국에서 엔지니어가 직접 들고 왔다.

"잠시만요. 그 부분 다시 가겠습니다!"

"그게 아니죠. 힘들겠지만 호흡을 가다듬고 다시 할게요."

3박 4일 동안 새벽까지 부르고 또 불렀다. 같은 노래를 얼마나 반복해서 불렀는지 모른다. 비전문가들이 모여서 하려니 몇 배는 더 힘들었지

첫 번째 경배와찬양 음반을 녹음하는 청년들.
이들은 여러 교회의 헌신자들로 열악한 환경에서도 최선의 결과를 만들어 냈다.

만 한 곡 한 곡 완성될 때마다 그 기쁨은 이루 말할 수 없었다. 몇 날 며칠 하나님의 전에서 하나님만 바라보며 찬양할 수 있는 것도 커다란 행복이었다.

서울 스튜디오에서 후반 작업을 거쳐 이듬해 1월 드디어 몽골 최초의 찬양 CD가 탄생했다. 그것을 받아 든 순간 눈물이 왈칵 쏟아졌다.

"오, 주님, 감사합니다! 주님 안에서 소원을 품게 하시더니 이렇게 이루어 주셨군요. 신실하신 하나님, 일을 행하시고 그것을 만들며 성취하시는 하나님을 찬양합니다!"

몽골의 첫 경배와찬양 CD

오랫동안 기도하고 준비하면서 너무 힘들어 포기하고 싶던 순간이 얼마나 많았던가. 여인이 아기를 품에 안는 순간 해산의 고통을 잊는다더니 내가 꼭 그랬다. 우리가 직접 만든 찬양 CD를 손에 받아 든 순간 그동안의 마음고생이 눈 녹듯이 사라졌다.

CD는 기도한 대로 몽골 교회의 발전을 위해서 잘 쓰였다. 많은 교회와 개인이 구매해 1만 장 정도 팔렸는데, 당시 몽골의 크리스천이 1만 5,000-2만 명임을 감안할 때 놀라운 결과였다.

경배와찬양 몽골어 CD제작은 나로서는 절대로 할 수 없는 일이었다. "내게 능력 주시는 자 안에서 내가 모든 것을 할 수 있느니라"(빌 4:13)는 바로 이를 두고 하는 말씀이었다. 하나님은 하나님의 때에 우리를 부르실 때 주저 없이 순종하기를 원하시며, 순종하는 자에게 감당할 능력을 넘치게 부어 주신다.

무슬림 가정의 첫 세례

나에게 수술 받은 사람들은 대개 내게 빚진 마음을 갖는다. 특히 유목

민들은 남에게 빚지고 신세진 일은 반드시 갚으려 한다. 배를 가르지 않고 복강경 수술을 받은 것만도 엄청난 시혜인데 자가용 비행기로 따로 데려가기까지 했으니 바양을기 사람들은 내 말이라면 껌뻑 죽었다. 그래서 그곳에 갈 때마다 내게 수술 받은 사람들을 중심으로 복음을 전했는데, 설령 무슬림이라도 나의 요청을 거절하지 못했다.

하나님은 바양을기 마을에서 간질을 앓는 사람의 가정을 특히 사랑하셨다. 그는 이러저러한 약을 지어 먹었지만 좀처럼 듣지 않다가 내가 마침 가져간 간질약을 먹고 차도를 보였다. 다음번에 갔을 때 많이 좋아졌다며 약을 더 달라는데, 아뿔싸! 내겐 약이 없었다. 내가 돌아오기만을 손꼽아 기다렸을 그를 생각하니 도무지 발길을 돌릴 수 없어 하나님께 엎드렸다.

"하나님, 이 시간 간질을 깨끗이 고쳐 주십시오. 예수님께서 채찍에 맞음으로 우리가 나음을 입었다고 하셨으니 더 이상 간질병에 시달리지 않도록 지금 이 시간 완전히 낫게 해주십시오."

믿음의 기도가 기적을 낳는다고 정말 간질병이 완전히 나았다. 할렐루야!

이 사건 이후 그곳에 가정 교회가 세워졌다. 문을 모두 걸어 잠그고 예배를 드리던 첫날의 그 감격을 잊을 수가 없다. 그렇게 무슬림 지역의 복음은 주의 인도하심을 따라 한 걸음 한 걸음 나아갔다.

2003년 여름 온누리교회 다윗공동체와 바양을기에서 전도집회를 가졌다. 마지막 날 가정 교회에 모여 식사를 하는데 주인아주머니가 불쑥 말을 꺼냈다.

"나 세례 받고 싶어요."

밥 먹다 말고 깜짝 놀라 주인아주머니를 쳐다봤다.

"이번 전도집회에 참석하면서 세례를 받아야겠다는 생각이 들었어요. 예수님과 함께 나의 옛사람은 죽고, 그리스도 안에서 새로 태어나고 싶어요."

너무 갑작스런 일이라 당황스러웠지만 카자흐스탄의 첫 성도가 세례를 받겠다는데 지체할 일이 아니었다. 무슬림 지역에서 개종 사실이 발각되면 어떤 일이 벌어질지 너무나 잘 알면서도 세례를 받겠다니 그 용기가 정말 대단했다.

한 가지 걸림돌이 있다면 목사님이 없다는 것이었다. 다윗공동체의 전도사님도, 평신도 목회를 하면서 성찬 등의 일로 욕[?]을 먹고 있던 나도 주저했다. 서로 눈치를 보다가 내가 먼저 입을 뗐다.

"무슬림이 개종해 크리스천이 되었고, 스스로 세례를 받겠다고 하는데 이런 것에 매여서야 되겠습니까? 전도사님, 우리 같이 합시다."

세례 베풀 준비가 끝나자 세 사람이 꿇어앉았다. 단기팀원들은 뒤에서 중보기도를 했다. 나는 예수님이 세례 요한에게 세례를 받으실 때 하늘이 열리고 하나님의 성령이 비둘기같이 임하며 "이는 내 사랑하는 아들이요 내 기뻐하는 자라"는 음성이 하늘로부터 들린 것처럼 그에게 그와

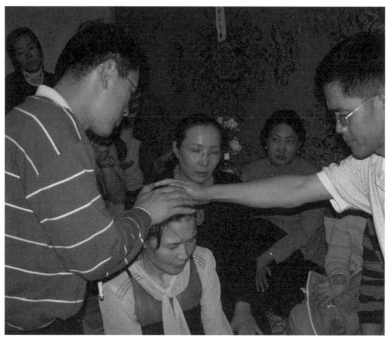
첫 번째 세례를 받은 카자흐인 아주머니

동일한 은혜가 임하기를 간절히 기도했다. 그리하여 그가 주의 사랑에 붙잡혀 평생 주님을 아름답게 섬기기를 축복했다.

"주 예수를 구주로 믿는 ○○○에게 내가 성부와 성자와 성령의 이름으로 세례를 주노라!"

"아멘!"

세례를 받고 일어서는 아주머니의 눈에서는 감사의 눈물이 흘러내렸다. 척박한 땅, 굳게 닫혀 있던 바양을기의 문을 열어 주시고, 의료 선교

카자흐의 첫 번째 지하교회 예배 모습.
나이트클럽을 빌려 문을 꽁꽁 걸어 잠그고 감격의 예배를 드렸다.

를 통해 복음이 들어가게 하시더니 교회를 세우고 첫 세례 교인의 열매
까지 보게 하신 하나님의 은혜가 실로 감개무량해 내 눈가에도 이슬이
맺혔다.

part 4.

내려놓아라.

내가 내려놓아야 주님이 일하신다

하나님은 왜 그때 모든 것을 내려놓고 한국으로 돌아가라 하셨을까? 여러 가지 이유가 있겠지만, 그중 하나가

마리아로 컴백하기 위해서다.

주님과의 시간을 절대로 놓치지 않겠다고 다짐하고 또 다짐했건만 해야 할 일이 너무 많다는 이유로 나도 모

르는 사이 마리아에서 마르다로 서서히 돌아가고 있었다.

치러야 할 대가

"하나님, 지금 상황에서 제게 주실 말씀이 이것밖에 없습니까? 제가 이곳에 어떻게 왔는지 아시면서 어떻게 이러세요. 수술한 아버지를 뒤로하고 하나님의 뜻에 순종해 이곳에 와서 얼마나 열심히 일했는데… 그렇게 두고 온 아버지가 암이 재발해 손을 쓸 수조차 없게 됐다는데 어떻게 이러실 수 있냐고요. 병사니까 부르신 자의 뜻을 생각하고 아버지를 돌아볼 생각은 하지 말라니오. 정말 너무하십니다. 너무하세요. 흑흑흑…"

나는 벌써 한 시간째 골방에서 하나님과 씨름하는 중이었다.

발단은 며칠 전 어머니에게서 걸려온 전화였다. 아버지가 요통으로 고생한다는 얘기를 듣는 순간 '혹시 재발해서 뼈에 전이된 것 아닌가?' 하는 생각이 들었다. 빨리 병원에 가서 검사를 받아 보라고 당부하고 전화를 끊었지만 불안감을 떨쳐 버릴 수가 없었다. 당장 달려가지도 못하고 이국 땅에서 발만 동동 구르며 검사 결과를 기다리는 며칠이 정말 지옥 같았다.

불길한 예감은 왜 그리 틀린 적이 없는지 내 예감은 적중했다. 아버지는 위암이 재발해서 이미 손을 쓸 수 없을 정도로 퍼져 있는 상황이었다.

'내가 곁에 있었으면 그렇게까지 되지 않았을 텐데….'

억장이 무너졌다. 자책감이 들며 나 자신이 그렇게 원망스러울 수 없었다. 그 소식을 듣고도 이미 짜인 스케줄 때문에 한국에 들어갈 수 없다는 사실이 나를 더욱 화나게 했다.

하나님은 이 상황을 뭐라고 말씀하실까 궁금했다. 몽골에 와서 성경 말씀으로 응답 받는 훈련이 되어서 다음날 아침 큐티 책을 폈다. 하나님은 이렇게 말씀하셨다.

"너는 그리스도 예수의 좋은 병사로 나와 함께 고난을 받으라 병사로 복무하는 자는 자기 생활에 얽매이는 자가 하나도 없나니 이는 병사로 모집한 자를 기쁘게 하려 함이라"(딤후 2:3-4).

"너는 그리스도의 병사다. 쟁기를 들고 뒤돌아보는 자는 내게 합당하지 않다. 너는 한국으로 들어갈 생각하지 말고 사역 스케줄을 잘 소화해라."

이 말씀을 하시는데 너무 속상하고 서운했다. 어떻게 그리 매정하실 수 있는지… 나는 속상한 마음을 울면서 쏟아내고 있었다. 하지만 하나님이 독하게 마음먹은 일은 도저히 이길 수가 없다. 마침내 나는 항복하고 정말 어렵게 그 말씀에 순종하겠다고 했다.

"알겠습니다. 제가 그리스도의 좋은 병사로 남겠습니다. 아버지한테 갈 생각 하지 않고 예정된 사역을 잘 감당하겠습니다."

그러고 나자 통독 중이던 시편 말씀으로 위로해 주셨다. "나를 신뢰하고 기다려라"고. 그리스도의 병사가 되는 일이 이처럼 힘든 것인 줄 그때 알았다.

그때가 한창 아웃리치 시즌이었기 때문에 밀려오는 단기팀들과 정신없이 여름 사역을 진행했다. 처음에는 한 팀 한 팀 순서대로 오다가 나중에는 두 팀, 세 팀이 겹쳐서 들어오기도 했다. 그러면 정말 아침, 점심, 저녁을 미친 듯이 뛰어다녀야 했다.

그렇게 꼭 짜인 일정 때문에 아버지를 보러 갈 생각은 꿈에도 못했는데 돌발 상황이 발생했다. 고도원의 아침편지에서 단기선교를 온 사람이 시골에 갔다가 척추에 압박골절이 온 것이다. 환자가 고국으로 돌아갈 때 누워서 가게 되면 무조건 호송의사가 붙어야 한다. 당시 몽골에 한국 의사가 우리 부부밖에 없었기 때문에 2박 3일 일정으로 내가 따라가게 되었다. 하나님을 신뢰하고 기다리라고 하시더니 이런 깜짝 선물을 주실 줄이야….

너무 아파서 누워 주무시는 것조차 힘들어하는 아버지를 보니 가슴이 미어졌다. 하나밖에 없는 아들인데, 그것도 그 분야 전문의인데 아버지가 그 지경이 되도록 내버려둔 것 같아 너무 죄송했다.

"관태야, 며칠 전에 꿈을 꿨는데 내가 아주 좋은 데를 가더라. 조그만 집이 있고, 그 옆에는 으리으리한 집이 있더구나. 그 집들이 뭐냐고 물었더니 조그만 것은 내 집이고, 큰 집은 네 집이라고 하더라. 내 집은 조그맣고 평수가 작지만 네 집은 커서 아버지 마음이 아주 좋고 편했단다."

아버지는 꿈속에서 천국을 본 것이다. 내가 교회 다닌다고 숱하게 때리기도 하며 핍박하던 아버지가 천국 얘기를 하다니, 아버지에게 구원의 확신이 있다는 데 안도했고 감사했다.

"아버지, 사역 마치고 다시 올게요."

아버지와 짧은 시간을 보내고 몽골로 돌아가려는데 '이게 마지막이겠구나' 싶어 차마 발이 떨어지지 않았다. 자꾸 눈물이 나려는 것을 꾹 참으며 아버지를 보고 또 보았다.

몽골로 돌아가는 비행기 안에서 하나님은 "네 아버지의 고통이 너무 심해서 좀 일찍 데려가야겠다"는 마음을 주셨다. 가슴이 저리고 먹먹해지면서 하염없이 눈물이 흘렀다. 아버지의 고통을 생각하면 그래야 하는데, 머리로는 이해가 되지만 내 마음은 아직 그럴 준비가 안 되었다.

아버지가 돌아가시기 전 잠시 뵈었을 때의 마지막 모습.
아버지는 3주 후에 돌아가셨다.

그로부터 3주 만에 아버지는 하나님 품으로 가셨다. 2003년 8월 29일에 돌아가셨는데 딱 그 전날 모든 사역이 끝났다. 소천 소식을 듣고 비행기 표를 알아봤지만 구할 수가 없었다. 하는 수 없이 다음날 중국을 거쳐 빙빙 돌아 들어왔다. 외아들에 상주인데 빈소가 이틀 동안 비어 있었다.

"하나님, 시간을 조금만 더 늦춰 주실 순 없었나요? 이제 겨우 사역을 마쳐서 아버지 뵈러 한국에 가려 했는데, 임종도 못 지키고, 돌아가셨단 소식을 듣고도 이렇게 발이 묶여 가지도 못하고… 흑흑흑. 주님, 정말 야속하네요."

　돌아가셨다는 소식을 듣고 주님 앞에 앉아 울면서 넋두리를 늘어놓았다. 한참을 그러고 있는데 주님이 말씀하셨다.

　"네게 믿음이 있느냐?"

　뜬금없는 소리에 놀라 주님을 바라봤다. 주님은 다시 물으셨다.

　"네게 천국에 대한 확신이 있느냐?"

　"……."

　"네게 정말 믿음이 있다면, 천국에 대한 확신이 있다면 아버지의 임종을 지키지 못한 것에 대해 뭘 그리 가슴 아파 하느냐?"

　"……."

　구구절절 옳은 말씀을 하시는데 할 말이 없었다.

　'참 독하십니다. 이런 상황에서는 아무 말씀 마시고 그냥 받아 주시면 안 됩니까? 도대체 저한테 왜 이러시는 겁니까?'

　차마 주님께는 대답하지 못했지만 마음속에서는 이렇게 외치고 있었다. 하지만 하나님이 작정하고 강하게 키우기로 마음먹으면 아무도 못 말린다. 아버지의 위암 재발 소식을 들었을 때와 마찬가지로 하나님은 나를 몰아붙이셨다.

　아버지가 돌아가신 날 한국행 비행기가 없어 하릴없이 몽골에 있으면서, 하나님께 독한^(?) 소리를 들으며 참 많은 생각을 했다. 믿음이란 무엇인가, 내게 믿음은 있는가, 천국에 대한 확신은 있는가, 천국을 소망하는

가, 죽음을 어떻게 받아들여야 하는가… 수많은 질문들에 스스로 답해보면서 내 자신을 돌아보았다.

아버지가 여든둘에 가셨으니 흔히 호상이라고 할 수 있지만, 유독 아버지의 많은 기대와 사랑을 받으며 자란 나로서는 너무 섭섭하고 죄송했다. 둘째 아이를 정말 예뻐했는데 그 아이와 더 오래 계시지 못한 것, 셋째를 낳았는데 그 애는 보지도 못하고 가신 것, 그렇게 자랑스러워하시던 아들이 박사 되고 교수 되는 것도 못 보고 가신 것…. 물론 아버지는 하나님과 함께 천국에서 흐뭇한 얼굴로 나를, 우리 모두를 지켜보실 것이다. 그럼에도 나는 여전히 마음 한 편이 아리고 슬프고 죄송하고 그랬다.

어쨌든 아버지를 그렇게 보내 드린 것은 내가 하나님 앞에 치른 대가라면 대가였다. 하지만 선교지에 나간 나보다는 한국에 남아 있던 가족이 훨씬 많은 대가를 치렀음을 고백한다. 그리고 지금 이 순간에도 수없이 많은 선교사님들이 이런 대가를 치르고 있음을 우리는 알아야 한다.

또 한 번의 순종, 내려놓음

"여호와께서 모세에게 이르시되 눈의 아들 여호수아는 그 안에 영이 머무는 자니 너는 데려다가 그에게 안수하고 그를 제사장 엘르아살과 온 회중 앞에 세우고 그들의 목전에서 그에게 위탁하여 네 존귀를 그에게 돌려 이스라엘 자손의 온 회중을 그에게 복종하게 하라"(민 27:18-20).

2004년 8월 말 여름 사역을 마쳤을 즈음 하나님은 이 말씀을 통해 리더십 이양을 명하시고 준비하게 하셨다. 사실 나는 전혀 예상하지 못했다. 내 생각으로는 아직 1년가량 더 사역해야 한다고 보았다. 더구나 여름 사역의 감동이 채 가시기도 전이었다. 온누리교회 대청연합과 영등포·구로 공동체 150여 명과 함께 몽골 최초의 맞춤전도집회와 연합 아웃리치를 가진 것이 불과 보름 전이었다. 이틀 동안 '존귀한 당신'이라는 주제로 열린 맞춤전도집회에는 1,500여 명이 참석해 800여 명이 결신했고, 그중 400여 명은 지역 교회에 연결되었다. 이후 바로 3개 공동체가 몽골 동서남북으로 아웃리치를 떠났는데 이를 통해 몽골 땅 전체를 뒤흔드는 역사가 있었다. 가는 곳마다 감격과 역사가 넘친 잊을 수 없는 시간이었다.

하이르 교회는 성도들이 말씀 안에서 자라고 수적으로도 부흥해 새 건물을 준비하고 있었다. 경배와찬양 사역은 800여 명이 모이는, 몽골에서 가장 큰 찬양 모임이 되었다. 의료 사역도 복강경 수술로 유명세를 떨치며 매우 성공적이었다. 그즈음 복음을 위해 어느 지역에 들어갈 때면 이 모든 것이 한 세트로 합하여 선을 이루곤 했다. 가서 진료해 주고 수술이 필요한 사람을 데려다가 우리 병원에서 수술해 주고, 다음번에 들어갈 때 현지인 리더와 함께 교회를 세우고⋯ 씨를 뿌리는 재미에 푹 빠져 지냈다. 그때는 이것저것 따질 겨를 없이 눈물로 기도하며 주어진 일을 해내느라 잘 몰랐지만, 지금 생각해 보면 참으로 달콤한 시절이었으며 은혜로운 나날이었다.

그런데 하나님은 이 모든 사역을 내려놓으라 명령하셨고, 미처 준비하지 못한 채로 '무슨 뜻이 있겠지' 하며 순종했다.

> "여호와, 모든 육체의 생명의 하나님이시여 원하건대 한 사람을 이 회중 위에 세워서 그로 그들 앞에 출입하며 그들을 인도하여 출입하게 하사 여호와의 회중이 목자 없는 양과 같이 되지 않게 하옵소서"(민 27:16-17).

모세가 후임자를 위해 기도한 것처럼 나도 기도했다.

"하나님, 지난 5년여 동안 평신도 선교사인 이철희 선교사님을 통해 하이르 교회를 세워 기초를 놓게 하시고, 부족한 저를 불러 교회를 자라게 하심을 감사합니다. 주님의 몸 된 교회가 더욱 부흥하기를 원합니다. 목자의 심정으로 성도들을 살피고, 사랑과 말씀으로 양육할 수 있는 준비된 목회자를 보내 주십시오."

오랜 시간 기도하며 하나님의 뜻을 구한 끝에 미국 컴미션선교회(Come Mission)에서 파송한 길요한, 남지현 선교사님께 교회 사역을 이양했다.

11월 7일은 하이르 교회가 5주년을 맞는 날이었다. 250여 명이 모여 기념예배를 성대하게 드렸다. 지난 5주년을 돌아보며 참으로 신실하게 교회를 인도하고 복을 부어 주신 하나님께 감사를 드렸고, 성도들과 하루 종일 즐거운 시간을 가졌다. 특히 하이르 교회의 비전을 구체화해 3

하이르 교회를 이양하고 나서

대 비전을 선포했다.

먼저 하이르 교회는 선교하는 교회임을 명확히 하기 위해 200/20 비전을 선포했다. 200명의 선교사 파송과 20교회 개척을 의미하는데, 이미 2002년에 200선교사 비전을, 다음해에 ACTS 29 비전을, 그리고 2004년에 20교회 개척을 포함한 200/20 비전을 향해 준비할 것을 선포한 것이다.

둘째는 사도행전적인 영향력 있는 교회, 셋째는 에베소서에 나오는 균형 있는, 건강한 교회의 비전을 선포했다.

이제 새로운 지도자를 맞아 선교하는 교회, 영향력 있는 교회, 건강한 교회의 비전이 온전히 이루어지기를 모든 성도들과 함께 간절히 기도했다.

그리고 그 다음 주에 기쁜 마음으로 이양예배를 드렸다. 교회를 이양하고 나면 굉장히 홀가분하거나 걱정이 많이 될 줄 알았는데 전혀 그렇지 않았다. 스스로도 신기할 정도로 그저 평안하기만 했다.

나같이 부족한 사람에게 교회를 맡아 섬길 수 있는 기회를 주신 하나님께 그저 감사드릴 따름이고, 사랑하는 몽골 사람들을 이렇게 많이 만나게 하신 것에 감사하고, 목자의 마음을 주시고 양 떼를 맡겨 주신 것에 감사드렸다. 무엇보다 내 믿음이 자란 것, 하나님을 깊이 알게 된 것, 선교를 배우게 된 것은 아무리 생각해도 하나님께 받은 복에 복을 더한 축복이었다.

의사로서 부끄러운 순간들

하나님은 왜 그때 모든 것을 내려놓고 한국으로 돌아가라 하셨을까?
여러 가지 이유가 있겠지만, 그중 하나가 마리아로 컴백하기 위해서다.
몽골로 가기 전부터 하나님께서 그렇게 말씀하셨음에도 불구하고 사역
이 많아지면서 어느 순간 하나님을 만날 시간이 없었다. 마리아처럼 주
님과의 시간을 절대로 놓치지 않겠다고 다짐하고 또 다짐했건만 바쁘다
는 이유로, 해야 할 일이 너무 많다는 이유로 그 시간을 조금씩 갉아먹고
있었다. 나도 모르는 사이 마리아에서 마르다로 서서히 돌아가고 있었던

것이다.

하나님은 그런 나를 보면서 여러 가지 모양으로 말씀하셨을 것이다. 하지만 나는 마르다처럼 부엌에서 얼른 밥을 지어다가 상만 들여놓고 또다시 부리나케 나가느라 하나님의 말씀을 듣지 못했다.

"하나님, 밥은 어때요? 이 반찬은요? 입맛에 맞아요?"

아무리 바쁘더라도 최소한 밥상머리에서만큼은 주님과 마주앉았어야 했다. 그런데 나는 밥상을 던지듯이 밀어 넣고 그 시간마저 푸대접했다. 그런 나를 보며 주님은 얼마나 마음이 아프셨을까.

"과, 관태야!"

이름을 다 부르기도 전에 이미 저만큼 달아난 아들의 뒤통수에 대고 주님은 그 이름을 부르고 또 불렀으리라.

'쟤가 저러면 안 되는데…. 얼른 돌아와야 할 텐데….'

하염없이 아들의 뒷모습을 바라보며 이렇게 혼잣말을 하셨을 것이다.

또 다른 이유는 내 산성 쌓기에 푹 빠진 교만함을 돌이키기 위해서다. 돌아보면 그때 나는 열심히 내 산성을 쌓고 있었다. 평신도 목회자로서 교회 성장을 이루었고 교회 건물도 넓혀서 이사 갈 준비를 하고 있었다. 당시 한국인 선교사 중 아무도 가지 않던 무슬림 지역에 가서 교회를 세웠다. 교회 예배 분야에서 선도적인 역할을 하며 몽골에서 가장 큰 찬양 모임인 경배와찬양 목요모임을 인도했고 1년에 한 번씩 집회를 열었고 찬양 CD도 발매했다. 어디 그뿐이랴. 지역 교회 30-40개를 엮어서 몽골 최초의 맞춤전도집회를 개최해 수백 명의 결신자를 낳아 교계를 깜짝 놀라게 했다. 그런 사람이 몽골에 처음으로 복강경 수술을 선보였고 대기 환자가 몇 달씩 밀려 있는 의사이기까지 했다. 내 나이에 복강경 수술을 그만큼 한 사람은 그리 많지 않다. 평생토록 1,000명을 수술할까 말까 하는데 나는 2-3년 만에 복강경 수술 1,000례를 돌파했다.

나도 눈치 채지 못하는 사이에 내가 쌓아 놓은 업적들을 즐기고 있었던 것이다.

'일 참 잘했어. 저 정도면 훌륭해.'

교회에서도 전문인 선교사의 전형처럼 회자되었다.

"박 선교사님, 정말 대단합니다! 어쩜 그렇게 일을 잘하세요. 목회면 목회, 의료면 의료, 못하는 게 없어요."

나는 많은 사역들을 하면서 어느새 스스로 높아져 그것을 즐기고 거기에 안주하려 하고 있었다. 그렇게 산성 쌓기 놀이에 빠져 마리아 됨을 잊어버린 것이다.

그리고 마지막으로 나는 당시 의사로서의 자괴감을 떨쳐 버리기 어려웠는데 이것에 대한 응답이었다. 하나님의 은혜로 수술을 시작하게 되었고, 열악한 환경 속에서 수술했지만 결과는 몽골 병원과 비교가 안 될 만큼 좋았다. 복강경 수술은 몽골 사람들에게 획기적인 것이었고 그 덕에 미전도 종족의 문을 여는 선한 도구로 사용되었다. 그들의 육체적 질병을 치료할 뿐 아니라 영혼까지 구원 받게 하는 통로 역할을 감당했다.

몽골에서 유명 인사가 되고 방송에도 출연하다 보니 환자들이 구름 떼처럼 몰려들었다. 몇 개월씩 대기 환자가 밀려 있는데도 사람들은 몇 날 며칠 차를 타고 와서 내게 수술을 받겠다고 찾아왔다. 하지만 개중에는 내가 치료할 수 없는 중증 환자들도 더러 있었다. 나는 한국에서 레지던트 과정만 마치고 바로 몽골로 떠났기 때문에 암 수술 같은 것은 할 수 없었다.

"죄송합니다. 우리 병원에서는 어렵겠어요. 큰 병원으로 가보세요."

그런데 그렇게 보낸 환자들이 다 죽는 것이었다.

"우리 남편이 몽골 병원에서 수술 받다 결국 죽었어요. 선생님한테 수술이라도 받아 보고 죽었으면 덜 억울할 텐데…. 흑흑흑."

유가족들이 찾아와 울며 하소연할 때면 의사로서 자괴감이 밀려왔다.

'내가 여기서 잘나간다고 하지만 아직 멀었구나.'

사실 이것이 한국행을 결정한 결정적인 이유인지도 모른다. 그렇게 죽어 가는 사람들이 없도록 더 배워서 돌아가자 한 것인데, 아직까지 못 가고 있다. 때가 되면 하나님이 그곳으로 다시 보내시리라 믿는다.

사실 하나님이 갑작스레 모든 사역을 내려놓으라고 말씀하셨을 때는 이것들을 다 깨닫지 못했다. 내려놓고 나서 하나하나 되짚는 중에 깨닫게 되었다. 하지만 하나님이 말씀을 통해 분명히 내려놓으라고 말씀하셨기에 그것을 순종하는 것은 어렵지 않았다.

아무것도 할 수 없다!

한국에 돌아와서야 알았다. 내가 번아웃(Burn Out) 상태라는 것을. 정말로 아무것도 할 수가 없었다. 말씀을 보는 것도, 큐티도, 심지어 교회 가는 것까지. 한마디로 퍼져 버렸다. 불과 얼마 전까지 선교지에서 펄펄 날아다니던 게 나였나 싶을 만큼 아무것도 할 수 없었다. 그리고 나중에야 알았다. 내가 몽골에서 그토록 정력적으로 일할 수 있었던 것은 선교지의 은혜요 많은 사람들의 중보기도 덕분이었다는 것을.

몽골에 가 있는 동안 건강을 많이 해친 게 사실이다. 일주일에 하루를 안식하는 것은 하나님의 명령이며 하나님의 창조 질서다. 그런데 나는 몽골에서 월요일부터 금요일까지 병원에서 일하고, 토요일과 일요일뿐 아니라 거의 매일 교회 사역을 위해 동분서주했다. 제아무리 장사라도 견뎌 낼 재간이 없었을 스케줄을 소화했던 것이다. 하지만 거기서는 눈앞에 보이는 양 떼를 푸른 초장으로 이끌어야 한다는 사명감에 불타서 아픈 줄도 모르고 일했다.

번아웃 상태에서 회복되기까지 꼬박 3년이 걸렸다. 감사하게도 하나님은 한 번도 재촉하시지 않고 오랜 시간 묵묵히 기다려 주셨다. 그것이 또 얼마나 큰 은혜인지 모른다.

나는 요즘 선교사님들을 위한 건강 강좌에 초청되면 일주일에 하루는 반드시 쉬라고 강조한다.

"우리나라는 선교사가 쉬거나 자기를 위한 시간을 가지면 큰일 나는 줄 아는데 아닙니다. 쉬러 다니시고 자기를 위한 시간, 가족을 위한 시간을 꼭 가지세요. 선교사이기 이전에 사람입니다.

하나님이 일주일에 하루는 쉬도록 사람을 만들어 놓으셨습니다. 제가 그 일에 증인입니다. 교회 사역이다 병원 사역이다 쉬지 않고 열심히 사역하다가 골병이 들어서 하나님께 '제가 주의 일을 하다가 이렇게 됐습니다' 했더니, 하나님이 '내가 언제 그렇게 하라고 했냐?'고 하시더군요. 명심하십시오. 사역하다가 골병드는 것은 하나님의 뜻이 결코 아닙니다."

너무 젊어서 그랬을까? 좀 더 균형 잡힌 사역을 할 수 있었을 텐데 하는 아쉬움이 남는다. 하나님께 다음번에는 더 잘해 보겠노라고 고백하는 수밖에….

오직 주의 사랑에 매여

"보라 이제 나는 성령에 매여 예루살렘으로 가는데 거기서 무슨 일을 당할는지 알지 못하노라"(행 20:22).

이 구절은 잘 아는 대로 사도 바울이 예루살렘으로 올라가기 전에 에베소 교회의 장로들과 이별하며 나눈 이야기다. 이후 바울은 예루살렘으로 올라간 뒤 잡혀 고난을 받게 된다.

2005년 1월 31일 몽골로 향하는 내 마음도 사도 바울과 비슷했다. 그날은 하나님의 말씀대로 모든 사역을 내려놓고 한국에 들어왔다가 마지막으로 남은 사역을 위해 다시 출국하는 날이었다.

2004년 7월 담낭염이 아주 심한 환자를 복강경으로 수술한 일이 있었다. 수술은 어려웠지만 성공적으로 마쳤고, 환자는 수술 후에 잘 회복되었다. 한 달 반쯤 지나 그 환자는 이유를 알 수 없는 복강 내 농양으로 몽골국립병원에서 수술을 받았는데, 복막염이 심해 패혈증으로 수술 후 일주일 만에 죽고 말았다. 그를 수술한 몽골 의사들은 한 달 전에 내가 한 복강경 수술이 잘못되어 남아 있던 담석 몇 개가 농양을 만들었다고 주장했다. 그러자 그들의 말만 믿고 유가족들이 나를 상대로 소송을 낸 것이다. 우리나라에서라면 있을 수 없는 일이지만 몽골에서는 그게 통했다.

복강 내 농양이 왜 생겼는지는 나도 이해할 수 없지만, 맹장염이 심해 터졌고 그 결과 농양이 생겼다는 부검 결과를 보고는 아무 문제없겠구나 했다.

"박관태 씨?"

"그렇습니다만 무슨 일이시죠?"

며칠 뒤 병원에서 근무하는데 경찰관들이 찾아왔다.

"경찰서로 함께 가 주셔야겠습니다."

"무슨 일인데 경찰서로 가자는 거죠?"

"가 보시면 압니다."

그들은 난데없이 들이닥쳐 다짜고짜 연행해 갔다. 경찰서에 가서야 이유를 알았다. 죽은 환자를 수술한 세 명의 의사들이 부검의들을 압력해 부검 결과가 사망 원인의 첫 번째가 복강 내 담석이고, 두 번째가 천공성 맹장염이라는 보고서로 바뀐 것이다. 내게 불리한 결과였다.

"이건 말도 안 됩니다. 지난번 부검 결과와 어떻게 이렇게 다를 수 있는 겁니까?"

아무리 따져 봐야 소용이 없었다. 결국 하룻밤 유치장 신세를 져야 했다.

'복강 내 담석 때문이라고? 말도 안 되는 소리! 설사 수술하면서 한두 개 떨어뜨렸다 할지라도 아무 문제없다고.'

'일이 도대체 어떻게 돌아가는 거야? 이대로 가다간 여기서 못 나가는 것 아냐?'

'감옥에도 다 와보고…. 하나님, 어디에 쓰시려고 이런 경험까지 하게 하십니까?'

그날 밤 별의별 생각이 다 들었다. 나를 고소하라고 사주한 의사 세 명 중 한 명은 심지어 내게 복강경 수술을 배운 사람이었다. 처음에는 화도 나고 겁도 났지만, 차츰 안정을 찾고 나서부터 담대해질 수 있었다.

문제는 거기서 끝나지 않았다. 몽골에서는 이런 소송이 걸린 경우 무조건 출국금지 조치가 내려진다. 2004년 11월 초부터 출국금지되어 많은 고초를 겪었다. 다행히 병원장과 여러 사람이 힘을 써주어 담보금 200만 원을 내고 겨우 출국할 수 있었다. 그것도 몽골에 귀국할 일정이 잡혀 있었기에 가능했다.

하지만 이번에는 경우가 달랐다. 몽골에 돌아가 일주일 동안 남은 사역을 정리하고 나면 언제 다시 몽골에 가게 될지 알 수 없는 상황이었다. 그걸 알면서도 몽골 당국이 출국을 허락해 줄지 알 수 없었다. 그렇다고 약속한 일정에 입국하지 않으면, 즉 이번에 몽골에 가지 않으면 담보금도 날리게 되고, 나는 결국 도망한 것이 되어 나중에 몽골에 갈 때 문제가 생길 터였다. 하나님이 품게 하신 몽골을 그렇게 떠날 수는 없었다. 나는 잠시 부족한 의학 공부를 위해 한국에 들어왔다가 다시 몽골로 돌아갈 생각이었기 때문이다.

더구나 2월 8일에는 방글라데시에 가서 수술하기로 약속되어 있고, 2월 17일에는 연길에 가야 하고, 2월 21일부터는 서울아산병원에 출근하기로 되어 있었다. 그러니 2월 7일 몽골에서 출국하지 못하게 되면 문제가 복잡해질 것이다.

하나님밖에는 바라볼 곳이 없었다. 인간적인 생각으로는 몽골에 가지 않으면 간단하게 해결되는데 도저히 그럴 수는 없고 정말 성령의 매임을 받아 몽골에 들어가는 심정이었다. 사도 바울이 "오직 성령이 각 성에서 내게 증언하여 결박과 환난이 나를 기다린다 하시나 내가 달려갈 길과 주 예수께 받은 사명 곧 하나님의 은혜의 복음을 증언하는 일을 마치려 함에는 나의 생명조차 조금도 귀한 것으로 여기지 아니하노라"(행 20:23-24)고 고백한 것처럼 나도 몽골에 가서 어떤 일이 벌어질지 모르지만 마지막까지 맡은 일을 다하고 싶었다.

2월 3-4일은 복강경학회 창립대회와 학술대회를 개최할 예정이었다. 4년간의 의료 사역을 정리하고, 몽골 의사들이 자체적으로 복강경 수술을 발전시킬 수 있도록 기초를 놓아 주는 중요한 일이었다. 또 2월 7일은 연세찬선병원에 개관한 제2호 심재학 기념 의학도서관 개관식이 있는 날이었다.

"주님, 제게 맡기신 사명을 끝까지 감당할 수 있도록 도와주십시오."

하나님은 당신을 의지하는 자를 결코 부끄럽게 하지 않으셨다. 부검의 중에도 제자가 한 명 있었는데 그의 도움으로 사인 순위를 바로잡을 수 있었던 것이다. 결국 출국해야 하는 날 그 제자의 변호로 무죄 판결을 받았고 출국금지 조치도 풀렸다. 할렐루야!

몽골에서 돌아오는 마지막 순간까지 지켜 주시고 은혜를 베푸신 하나님, 이해할 수 없는 상황에서도 주를 신뢰하며 바라볼 때 좋은 것으로 채위 주시는 하나님을 찬양한다.

part 5.

새로운 부르심.

하나님이 얼마나 멋지게 일하시는가!

나를 선교사로 부르셔서 전방의 경험을 하게 하신 것도, 돌연 사역을 내려놓으라 하신 것도, 지금 이곳 후방에

서 사역을 감당하게 하신 것도, 또 언젠가는 전방으로 불러 가실 것도 하나님의 뜻 안에, 하나님의 큰 계획 안

에 있음을 안다. 하지만 그 끝이 어디일지, 또 언제 전방에 보내실지 나는 모른다. 그것은 사령관이신 주님의

소관이기 때문이다.

어디서든 '먹히는' 전문가가 돼라

"이는 내 생각이 너희의 생각과 다르며 내 길은 너희의 길과 다름이니라 여호와의 말씀이니라 이는 하늘이 땅보다 높음같이 내 길은 너희의 길보다 높으며 내 생각은 너희의 생각보다 높음이니라"(사 55:8-9).

"사람이 마음으로 자기의 길을 계획할지라도 그의 걸음을 인도하시는 이는 여호와시니라"(잠 16:9).

하나님이 사역을 내려놓고 한국으로 들어가라고 했을 때 나는 안식년이라고 생각하고 나왔다. 2년 정도 모교에서 전임의 과정을 하면서 의사로서 부족한 것을 채우고 몽골로 다시 나갈 생각이었다. 하지만 하나님의 생각은 내 생각과 달랐고, 하나님의 계획은 내 계획과 확연히 달랐다.

"아들 녀석이 작년에 몽골에 갔다 오더니 완전히 달라졌지 뭡니까. 그게 얼마나 갈까 싶었죠. 그런데 하루, 이틀이 지나고 일주일이 지나고 한 달이 지나도 변함이 없는 거예요. 그러더니 올해 또 가겠다고 하지 뭡니까. 그래서 보냈죠. 내심 궁금했답니다. 아들 녀석을 이렇게 변화시킨 사람이 어떤 사람일지."

몽골에 아웃리치를 다녀온 한 청년의 아버지는 나를 꼭 한 번 만나 보고 싶었다며 무척 반가워했다.

"제가 한 건 아무것도 없습니다. 다 하나님이 하셨지요. 저는 단지 하나님께서 일하실 수 있도록 통로 역할을 했을 뿐이에요."

그분의 초청으로 함께 식사를 하는 자리였다. 이런저런 얘기 끝에 그분이 물었다.

"이제 한국에 들어오신다면서요. 와서 일할 곳은 정해졌습니까?"

"아직요. 일단 모교에서 이식을 공부할 생각인데 알아봐야지요."

"이식이요? 그쪽이라면 저도 알아봐 드릴 수 있어요. 우선 우리 병원에 자리가 있나 알아보고 연락드리죠."

여러 분야 중에서 특별히 이식을 택한 이유가 있었다. 그건 순전히 몽골 때문이었다. 복강경 수술은 이미 다 가르치고 전수한 상태였고, 다시 몽골에 갈 때는 신기술이 필요했다. 그게 이식이었다. 현지인들은 따라올 수 없는 탁월한 전문가가 되어야 그 사람들이 숙이고 들어오고 그래야 제자 삼을 수 있다는 생각에서였다. 그리고 몽골에는 이식을 받아야 하는 말기 장기부전 환자들이 아무런 소망 없이 죽어 가고 있었다.

아무튼 나를 교수로 만들기 위한 하나님의 프로젝트는 이렇게 시작되었다. 나는 고려대학교 안암병원 이식혈관외과 분과장이자 장기이식센터의 부소장으로 일하고 있는데, 내가 지금 이 자리에 있는 것은 아무리 생각해도 불가사의한 일이다. 남들은 의대 교수가 되기 위해 몇 년을 공을 들이며 고생하는데, 나는 교수가 될 생각도 전혀 없었고 다만 모자란 부분을 얼른 배워서 몽골에 다시 갈 생각밖에 없었다. 그런 내가 이 자리에 있게 된 것은 오로지 하나님의 은혜요 하나님의 섭리라고밖에는 달리 설명할 길이 없다.

내가 그날 만난 청년의 아버지는 바로 한덕종 교수님이다. 하용조 목사님의 주치의로서 당시 서울아산병원의 외과 과장으로 있던 한 교수님은 이식 분야에서 한국 최고의 권위자였다. 온누리교회 성도인데다 자기 아들에게 좋은 영향을 끼쳤고, 또 자신의 전공 분야인 이식을 전공하려 한다니 여러 모로 마음을 써 주어 자리를 알아봐 주셨다.

서울아산병원이야 설명이 필요 없는 우리나라 최고의 병원이고 이식 분야에서도 세계적인 수준을 자랑하는 곳이다. 당연히 이 병원에서 전임의(펠로)를 하려는 사람이 많았고, 그러려면 1년 전부터 공을 들여야 했다. 나야 예상치도 못한 시기에 하나님으로부터 사역을 내려놓고 들어가라는 말씀을 들은 터라 아산병원은 꿈에도 생각지 못했다. 그저 모교에서 전임의를 하다가 2년 뒤에 몽골로 나가야겠다고 생각했다.

"알아봤는데 이식 쪽에는 자리가 없네요. 괜찮다면 혈관외과 쪽으로 더 알아볼까요?"

한 교수님한테 연락이 왔다. 보통 이식과 혈관이 가까워서 이식혈관외과로 묶여 있는데 아산병원은 워낙 커서 이식과 혈관이 따로 분류되어 있었다.

"공연히 폐 끼치는 건 아닌지 모르겠네요. 가능하다면 그쪽으로도 한번 알아봐 주십시오."

언감생심 꿈도 못 꾸었는데 그렇게까지 신경을 써 주시니 고마웠다. 하지만 그쪽에서도 자리를 얻을 수 없었다.

한 교수님이 아산병원에서 자리를 알아보는 사이에 나는 모교를 찾았다. 그때 나의 스승인 황정웅 교수님은 정년퇴임을 1년 앞두고 있었다. 그런데 후계자가 없었다. 사실 후계자를 세워 두긴 했는데 그분이 교통사고를 당하는 바람에 계보를 잇지 못하게 되었다. 내가 그분의 마지막 박사 대학원생이었다.

"뭘 전공하고 싶은가?"

"이식과 혈관에 관심이 있어 그쪽을 알아보고 있습니다."

"그래? 어디 알아보는 데라도 있나?"

"아산병원에 어떻게 연결이 되어 알아보는 중인데 아무래도 좀 어려울 것 같습니다."

나는 그간의 사정을 좀 더 설명했다.

"그랬구먼. 알았네. 그럼 내가 아산병원에 전화해 봐야겠군."

결국 두 분의 도움으로 우여곡절 끝에 아산병원 혈관외과에 전임의로 들어가서 최고의 훈련을 받을 수 있었다. 다음 해에는 이식외과에 자리가 나서 그쪽으로 옮겨 3년간 훈련을 받았다. 아산병원에서 보낸 4년 동안 나는 이식과 혈관이라는 두 마리 토끼를 제대로 잡은 것이다. 하지만 그때는 이 훈련으로 인해 훗날 크게 쓰임 받게 될 줄은 꿈에도 생각 못했다. 하나님이 만들어 주신 최고의 기회였다.

한편 그 사이 모교인 고려대학에서는 황정웅 교수님이 정년퇴임을 하면서 이식혈관외과가 무주공산이 되어 버렸다. 학교에서는 내가 아산병원에서 트레이닝 받는다는 것을 알고 계속해서 학교로 돌아올 것을 요청했다. 하지만 나는 어느 정도 배운 다음 선교지로 다시 나갈 생각이었으므로 거절할 수밖에 없었다. 결국 고대병원은 내가 가기 전까지 3년 동안 이식혈관외과가 자리를 잡지 못했다. 아마 이런 상황들이 아니었다면 나는 결코 고대 의대로 돌아갈 수 없었을 것이다.

내가 계획한 안식년은 2년이었다. 하지만 그 기간 안에 이식외과 전문의가 된다는 것은 욕심이었다. 아산병원에서 혈관을 전공하고 이식 전임의를 마치고 임상조교수로 발령을 받는 등 3년간의 이식외과 트레이닝을 통해 어느 정도 준비가 됐다고 생각한 2008년 초였다. 나는 온누리교회 40일 특별새벽기도회를 완주하며 하나님의 뜻을 물었다.

"하나님, 저 이제 몽골로 돌아갈 준비가 됐어요. 이 과정을 마치는 대로 갈게요. 괜찮죠?"

그런데 하나님의 대답은 너무도 뜻밖이었다.

"아직은 때가 아니다. 내가 가라고 할 때까지 여기 있어라."

"왜요?"

그때부터 기나긴 하나님과의 씨름이 또 시작됐다. 아니, 정확히 말하면 내 속의 우상과 싸웠다. 내 심정은 대략 이랬다.

"하나님, 남들은 선교사로 안 가겠다고 난리인데 제가 가겠다고 하면 바로 보내 주셔야 하는 것 아닙니까?"

하나님과 씨름하는 그 1년간이 내게는 가장 혼란스러운 시간이었던 것 같다. 모교에서 교수로 오라는 제안에 흔들리면서도 선교지로 다시 나가고 싶다는 마음과 갈등하고, 한편으로는 아산병원에 계속 남아 이식 분야에서 최고의 대가가 되고 싶은 욕심 때문에 갈피를 잡을 수가 없었다.

그때 나의 가장 큰 고민은 과연 내가 진정으로 원하는 것이 무엇인지를 모르겠다는 사실이었다. 마흔을 바라보는 나이에 내가 진정으로 원하는 것이 무엇인지를 모른다는 게 말이 되는가? 돌아보면 그것은 내 욕심 때문인 것 같다. 고대 교수로 사는 것, 선교사로 사역하는 것, 의학적으로 성공하는 것, 어느 것 하나도 놓치기 싫어서 그토록 고민했던 것이다. 하나님의 뜻을 좇는다면서도 나는 내 욕심 하나 다스릴 수 없었고 '나'라는 우상을 포기하지 못했다. 그랬기에 하나님은 아무런 응답도 없이 침묵하셨으리라. 나는 이 시간을 지나며 하나님이 침묵하실 때는 내 안에 먼저 해결해야 할 문제가 있음을 알게 되었다.

드디어 2009년 초, 하나님은 기나긴 침묵을 깨고 응답하셨다.

"아산병원을 떠나 고대병원으로 가라."

4년 동안 아산병원에 있으면서 이미 적응도 하고 자리도 잡은 터라 고대로 옮기라는 부르심은 내게는 도전일 수밖에 없었다. 이식의 메이저센터에서 거의 이식을 하지 않는 곳으로 옮기라는 명령은 처음에 순종하기가 쉽지 않았다. 하지만 지난 1년여의 시간을 통해 하나님의 침묵 속에 사는 것보다는 순종하기 어려운 명령일지라도 날마다 하나님의 말씀을 듣고 사는 것이 낫다는 것을 경험했기에 힘들지만 하나님의 말씀에 순종했다. 언제나 적응된 곳을 떠나 새로운 곳으로 가라는 하나님의 명령은 믿음의 새로운 전기를 만들어 주는 하나님의 선물이지 않았던가.

마침내 2009년 3월 고대 안암병원 이식혈관외과로 자리를 옮겼다. 믿음의 약속과도 같이 부임 첫날인 3월 1일 고대의료원 역사상 최초의 뇌사 장기 공여자를 원내에서 수술하면서 성공적으로 이식의 첫 테이프를 끊었다. 그리고 지난 2년 반 동안 침체되어 있던 고대병원의 이식 분야

세계 최고 수준의 이식학회인 미국이식학회에서 발표했다.
하나님은 나를 진정한 전문가로 키워 주셨다.

를 거의 열 배 가까이 증가시켜 괄목할 만한 성장을 이루었고, 자연스레 병원의 인정도 받게 되었다.

"지난 몇 년간 이식이 거의 없던 병원이 갑자기 전국 10위권 내로 성장한 비결이 뭡니까? 무슨 특별한 노하우가 있는 겁니까?"

많은 외부 사람들이 이렇게 묻곤 한다. 그때마다 나는 속으로 이렇게 대답하며 미소를 지을 뿐이다.

'하나님께서 특별히 밀어 주셨어요.'

아무리 생각해도 이것 말고는 달리 이유를 찾을 수가 없다.

고대병원으로 자리를 옮긴 뒤 하나님은 내게 새로운 비전과 사역지들을 보여 주기 시작하셨다. 몽골 이외에도 마다가스카르, 에티오피아, 아이티, 케냐, 카자흐스탄 등지로 의대생들과 함께 다니게 하시면서 예전에 주신 로제타 홀의 후예로서의 비전을 다시 꿈꾸게 하셨다. 다시 고대로 자리를 옮기게 하신 하나님의 뜻은 이런 것이었다.

그때 나는 이해하지 못했지만 하나님은 나를 향한 큰 계획을 가지고 특별 코스를 만들어 전문가로, 교수로 거듭나게 하신 것이다. 그래서 이 자리까지 오게 하셨고 이곳에서 후방 사역을 잘 감당할 수 있는 길을 만들어 주셨다.

지금은 어디를 가도 전문성으로는 자신이 생겼다. 이제는 경험이 없어 환자가 죽어 가는 것을 지켜볼 수밖에 없던 몽골의 초짜 외과의사가 아니다. 대부분의 선교지는 아직도 복강경 수술도 장기이식도 하지 못한다. 이것 두 개만 가지고 가도 현지 의사들은 어떻게든 배우고 싶어 우리를 환영한다.

'전 세계 선교지의 의사들을 가르치라고 나를 교수로 부르셨구나!'

이 큰 부르심은 요즘 들어 내가 하나님 앞에서 마시고 있는 김칫국이다. 나는 늘 스스로에게 말한다. 이왕 마시는 김칫국이라면 통 크게 마시라고.

"하나님, 아버지께서 저를 쓰시기 위해 교수로 만들었으면 전 세계, 특히 선교지 의사들을 다 품는 교수가 되겠습니다!"

나를 선교사로 부르셔서 전방(선교지)의 경험을 하게 하신 것도, 돌연 사역을 내려놓으라 하신 것도, 지금 이곳 후방에서 사역을 감당하게 하신 것도, 또 언젠가는 전방으로 불러 가실 것도 하나님의 뜻 안에, 하나님의 큰 계획 안에 있음을 안다. 하지만 그 끝이 어디일지, 또 언제 전방에 보내실지 나는 모른다. 그것은 사령관이신 주님의 소관이기 때문이다. 다만 나를 전방이든 후방이든 '먹히는' 전문가로 키워 주신 하나님의 그 놀라운 커리큘럼에 감사할 따름이다.

하나님께 잘 쓰임 받고 싶은가? 임지는 하나님의 소관사항이니 전문가로 훈련되길 권면한다. 또 한 가지, 지금 준비 과정이 너무 힘든가? 하나님의 놀랍고도 특별한 커리큘럼 안에 있음을 믿음으로 받아들이라. 포기하는 것은 굴러오는 복을 걷어차는 일임을 명심하라.

"이도 만군의 여호와께로부터 난 것이라 그의 경영은 기묘하며 지혜는 광대하니라"(사 28:29).

후방 선교로 부르시다

하나님의 말씀에 순종해 한국에 들어왔지만 내 안에는 늘 선교지에 대한 부담감이 있었다. 선교사로서 살아야 한다는 막연한 부담감은 의사로서 부족한 내공만 채우면 바로 나가야 한다는 조급증을 갖게 했다.

한국 생활을 시작하면서 적응하기 힘든 점 중 하나가 밥값이 너무 비싸다는 것이다. 가끔 접대 받는 자리에 나가면 한 끼 식사가 보통 5-6만 원 했다.

'이 돈이면 몽골에서 한 달을 살 수 있는데…'

몽골에서 교회 사역을 할 때 내가 교회 리더들에게 준 월급이 6만 원이었다. 그들은 그것으로 한 달을 생활했다. 그런데 달랑 한 끼 식사에 6만 원이라니 영 마음에 걸려 앞으로는 2만 원짜리 이상은 안 먹겠다고 스스로 원칙을 세웠다. 차액을 모아 선교 헌금을 보내야겠다는 생각이었다.

"박 선생님, 이거 괜찮으시죠?"

제약회사 직원이 6만 원짜리 세트 메뉴를 가리키며 말했다.

"아닙니다. 나는 이거 먹겠습니다."

내가 세운 원칙을 지키려고 2만 원 이하의 음식을 골랐다.

"아니, 왜 그러십니까?"

"나는 이거 먹을 테니 남은 4만 원은 나를 주십시오. 선교 헌금 보내겠습니다."

제약회사 직원의 그 황당해하는 표정이란…. 말은 못해도 '뭐 저런 이상한 사람이 있어?' 하는 표정이었다.

지금 돌아보면 참 미친(?) 짓이었다. 선교사적 삶은 살아야 하는데 어떻게 해야 할지 몰라서 빚어진 시행착오라고나 할까. 그만큼 선교 사명에 부담감이 컸다는 얘기다.

배운 게 도둑질이라고 내가 제일 잘하는 건 복강경 수술이었다. 몽골에서 사역하면서 이제는 의료 선교도 업그레이드되어야 한다고 생각했다. 선교 병원 중에서 복강경 수술을 시작한 것은 아마도 몽골의 연세친선병원이 처음일 것이다. 그때까지 선교 병원 하면 감기약 주고 붕대 감

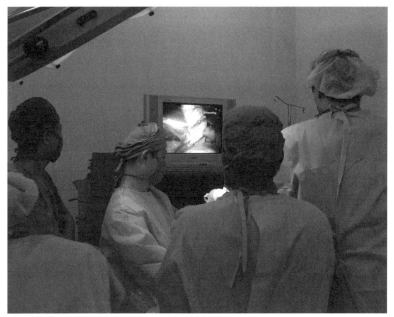

파키스탄 선한사마리아병원에 복강경 수술 기계를 기증하고 수술을 했다.

아 주고 어렵고 힘든 사람들을 도와주는 곳이었다. 하지만 몽골에서 사역해 보니 복강경만큼 선교에 좋은 도구도 없었다. 특히 복음을 들어 보지 못한 소수 민족들의 문을 열 때 아주 유용했다. 수술이 필요한 환자들을 연세친선병원에 데려다가 복강경 수술을 해주고 나면 다음번에 들어갈 때는 벌써 마음의 문이 활짝 열려서 복음이 들어가고 이윽고 교회가 세워지곤 했다. 선교지에서 이보다 좋은 모델도 없는 것이다.

"선교사님, 몽골에서 사역한 이야기를 들었습니다. 어떻게 그런 사역을 하셨습니까? 우리도 전수 받고 싶은데 한번 방문해 주시겠습니까?"

파키스탄에서 복강경 수술 후 정용식 선교사님 댁에 CGN TV 안테나를 달아 드렸다.
사역 때마다 가능하면 꼭 안테나를 달아 드리려고 한다.

파키스탄 선한사마리아병원의 정용식 선교사님이었다. 한국으로 돌아온 2005년 9월 월급을 쪼개 모은 돈으로 복강경 수술 기계를 사들고 파키스탄으로 날아갔다. 아내와 간호사 1명, 이렇게 세 명이서 단출하게 떠났다. 3박 4일의 짧은 일정이어서 도착하자마자 밤새도록 수술 기계를 세팅했다. 그리고 이틀 동안 진료를 하고 수술을 했다. 그리고 남은 시간에는 CGN TV 안테나를 달아 주는 사역을 했다.

"이처럼 짧은 기간에 아주 적은 인원이 이렇게 많은 일을 하고 간 것은 처음입니다. 감사합니다."

선교사님은 연방 고마워하며 고개를 숙였다.

"선교사님의 사역에 조금이라도 보탬이 되었다니 저희가 감사하지요. 늘 강건하시길 기도하겠습니다."

한국으로 돌아오는 길에 이런 생각을 했다.

'아, 이렇게도 일을 할 수 있구나. 이게 아무래도 당분간 내가 해야 할 일인 것 같다. 바로 이 일을 위해서 하나님은 그 짧은 시간에 교회 사역과 경배와찬양 사역, 소수 민족 사역 등을 경험하게 하셨구나. 그래, 몽골로 돌아가기 전까지 내가 경험한 것들을 가지고 선교사님들을 도와드리자.'

후방 사역은 그렇게 시작되었다. 사실 후방 사역은 몽골에서 나온 직후 중국 연변의 연변대학복지병원의 요청으로 처음 하게 되었다. 하지만 그때만 해도 이것이 나의 미션이 될 줄은 몰랐다. 매년 한 군데씩 가기로 마음먹고 다음해에는 방글라데시의 사박병원, 그 다음해에는 네팔의 파탄병원에 갔다. 3박 4일 내지 4박 5일 일정에 3-4명의 소수정예 인원만 꾸려서 갔다. 그렇게 가니까 선교사님 차로 이동하면 되고 선교사님 집에서 자면 되었다. 선교사님들로서도 팀을 받는 일이 부담이었는데 짧은 기간에 자신들의 가려운 곳을 긁어 주니까 무척 좋아했다.

하지만 파키스탄을 시작으로 방글라데시, 네팔까지 3년 연속 혼자 진행하려니 힘에 부쳤다. 전임의 월급으로 매년 돈을 아껴 복강경 수술 기계를 기증하자니 쉽지 않았기 때문이다. 그래서 4년째에는 돈이 없어서 한 해 쉴 수밖에 없었다. 바로 그때 하나님이 말씀하셨다.

"힘드냐? 당연히 힘들겠지. 그런데 말이다. 그 좋은 일을 왜 너 혼자서 하려고 하느냐? 왜 그 기쁨을 다른 사람과 나누려 하지 않고 혼자만 움켜쥐고 있는 것이냐?"

순간 뒤통수를 세게 얻어맞은 느낌이었다. 그때까지 나는 내가 돈을 모아서 수술 기계를 사서 기증하고, 내 돈을 들여서 선교지에 가서 기술을 전수했다. 선교사님들한테도 폐가 되지 않도록 서너 명의 소수 정예 인원만 데려갔다. 그렇게 하는 것이 버겁긴 해도 가장 잘하는 일이라고 생각했다. 적어도 선교사로 나갔다 온 사람으로서 마땅히 해야 한다고 생각했다. 하지만 하나님의 입장에서 보면 전혀 그럴 필요가 없었다. 나는 아이디어를 제공하고 내가 가진 재능(기술, 경험 등)을 나누면 되었다. 그러면 다른 누군가는 재정을 지원하고, 또 다른 누군가는 자신의 재능을 나누고, 또 누군가는 중보로 후원하고 그러면 되는 것이었다.

"하나님, 제가 잘못했습니다. 그런 줄도 모르고 어떻게든 혼자 해보려 애를 썼습니다. 용서해 주십시오. 이제부터는 하나님의 말씀대로 이것들을 다른 사람들과 나누겠습니다. 사람들과 연합해 전방에 나간 선교사님들을 돕겠습니다. 이 일에 마음을 모으고 뜻을 함께할 수 있는 사람들을 만나게 해주십시오."

세계는 넓고 할 일은 많다

2009년에 케냐로 단기 의료봉사를 다녀온 적이 있다. 아프리카 대륙에 간 것은 처음이었다. 마사이족을 진료하는데 그 사람들이 그렇게 예뻐 보일 수가 없었다. 한 사람 한 사람이 정말 사랑스럽고 눈에 쏙 들어왔다.

사실 나는 몽골 사람 외에는 관심이 없었다. 연변복지병원의 일로 중국을 꽤 여러 번 다녀왔지만 중국 사람들에게는 이상하게 정이 안 갔다. 그래서 하나님이 저마다 품을 수 있는 사람을 따로 주셨다고 생각했다.

그런데 하나님은 케냐의 마사이족 방문을 계기로 내 눈을 열어 주셨다. 몽골 사람들을 넘어 더 많은 민족을 품게 하신 것이다. 하나님은 몽골을 시작으로 중국, 파키스탄, 방글라데시, 네팔, 케냐 등지로 나를 보내시며 당신의 잃어버린 백성들을 당신의 눈으로 바라보고 그들을 품기 원하셨다.

신실하신 하나님은 내 기도에 응답하셔서 후방 사역을 함께할 귀한 동역자들을 만나게 하셨다. 그리고 성형외과와 신경외과, 마취과 등의 의사 선생님들과 GIC라는 단체를 만들도록 인도하셨다. GIC^(Global Image Care)는 질병과 기형 등으로 소외되고, 가난으로 인해 고통 받는 이들이 인간 본연의 건강하고 아름다운 형상을 회복할 수 있도록 돕는 수술 전문 의료봉사 단체다.

예전에는 차마 입이 안 떨어져서 도움을 요청하지도 못하던 일을 이분들과 함께 나누니 훨씬 수월했다. 마다가스카르 의료봉사를 앞두고 후원 음악

회도 개최하고 복강경 수술 기계 구입비를 모금하기도 했다. 당연히 사역 규모도 혼자 했을 때보다 커졌다.

　2010년 9월에 가진 마다가스카르 사역은 내가 GIC 회원들과 함께한 첫 사역이었다. 재정으로, 기도로, 재능으로 참 많은 사람들이 동참했다. 복강경 수술 기계를 기증해 준 것은 물론이거니와 우물도 파 주고 CGN TV 안테나도 달아 주었다. 성형외과 선생님은 구순구개열(언청이) 수술을 해주었고, 나는 복강경 수술을 했다. 현지에서 수고하시는 20여 명의 선교사들을 초청해 자그마한 잔치도 열어 주었다.

케냐의 허허벌판에서 수술하는 모습.
몽골에 머물러 있던 영혼 사랑을 아프리카까지 넓힌 계기가 되었다.

이 사역을 준비하면서 나는 현지 선교사들을 대상으로 미리 설문조사를 진행했다. 내가 아무래도 현지 선교사였기 때문에 그들에 대한 이해가 조금 더 깊지 않을까 한다. 아무튼 설문 내용 중에 이런 것이 있었다.

"그곳에서 생활하면서 가장 필요한 것은 무엇입니까?"

여러 가지 대답이 나왔는데 그것을 참조해서 선교사들이 원하는 품목으로 구성해 패키지를 만들었다. 고추장, 새우깡, 둥지냉면, 짜파게티, 신라면, 반건조 오징어 등으로 특별하지 않았다. 그것들을 선교사님 수만큼 만들어 바리바리 싸들고 가서 한 사람 한 사람에게 나누어 주었다.

"많은 단기팀들이 왔지만 우리를 위해 이런 것들을 준비해 온 팀은 처음이에요. 정말 고맙습니다."

선교사님들은 눈물을 뚝뚝 흘리며 고마워했다. 그러나 시간이 좀 지나자 진풍경(?)이 벌어졌다.

"선교사님, 둥지냉면하고 신라면 바꾸실래요?"

"우리 애들이 새우깡을 좋아해서 그러는데 혹시 다른 것과 바꿔 주실 수 있어요?"

그 모습을 보며 좋기도 했지만 한편으로는 가책도 들었다.

'선교사님들을 이 전방에 보내 놓고 우리가 너무 안 돌아봤구나! 이제라도 선교사님들을 잘 도와드려야겠다. 그들의 입장에서 그들의 아픈 곳을 어루만지고 그들의 필요를 채워 줘야겠다.'

마다가스카르에서는 의료 선교와 지역 개발을 동시에 추진했다. 그전에 혼자 다닐 때는 의료 선교밖에 할 수 없었지만 활동의 폭이 더 넓어진 것이다. 실제로 아픈 곳을 치료해 주는 일만큼이나 그들에겐 우물을 파서 식수 문제를 해결하는 것도 시급했다. 그리고 그것은 의료 선교만큼이나 복음의 통로 구실을 톡톡히 했다. 실제로 한 지역에 우물을 파 주면 사람들은 복음에 마음을 열곤 했다.

2011년 2월에 있었던 아이티 단기선교는 여기서 한 걸음 더 나아갔다. 의료 선교와 지역 개발, 문화 선교가 결합된 것이다. 환자들을 진료하고 수술하는 것은 물론 우물을 파 주고 마술 공연도 하고 가수와 사진작가가 함께 그들의 마음을 터치하는 등 여러 방면으로 접근했다.

앞으로 후방 사역을 전개할 때 이 세 가지, 즉 의료 선교와 지역 개발, 문화 선교를 결합해 추진하는 것을 전략으로 삼을 생각이다. 지역 개발의 경우 우물 파 주기를 넘어 학교나 보건소 등을 세우는 것도 고려하고 있다. 문화 선교도 좀 더 다양한 분야의 종사자들이 함께할 수 있는 방안을 연구 중이다.

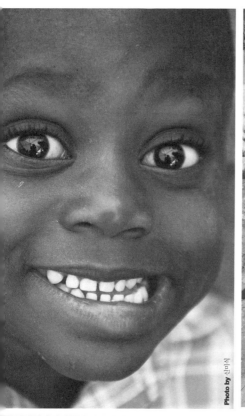

후방 사역이 더 중요하다

한국에 돌아와 이런 사역들을 하면서 후방 사역에 대한 나름의 그림이 완성된 것 같다. 선교지로 다시 나가겠다고 하는데도 하나님이 굳이 나를 이곳에 눌러앉히신 것은 바로 후방 사역의 중요성을 일깨우고 이 사역의 좋은 모델이 되기를 원하시는 게 아닐까 생각한다. 왜 하나님은 전방에 나가고 싶어 하는 나를 굳이 후방에 있으라고 하시는 걸까?

첫째, 시대가 바뀌었다. 즉 선교지 환경이 급변하고 있기 때문이다. 현지에 나가 있는 선교사들만으로 선교가 되는 시대는 지났다. 지금은 후방에서 전방에 나간 현지 선교사처럼 일하는 많은 사람들이 일어나야 할 때다. 이른바 후방 선교사가 불 일듯 일어나 전방과 후방이 협력해 하나님의 나라를 완성해 가야 한다.

'가든지 보내든지'라는 구호를 들어 봤을 것이다. 가는 선교사는 전방의 군인, 보내는 선교사는 후방의 일반 국민인 셈이다. 그러나 요즘엔 1년에 한 번 정도 단기선교를 가는 사람들이 꽤 많다. 이들은 예비군과 같은 개념이다. 예비군이 1년에 며칠간 군대에 들어가 훈련을 받지만 그들의 신분은 엄연히 민간인이다. 이들은 말 그대로 예비 전력으로, 전방에 도움이 될 수도 있고 안 될 수도 있다. 단기선교는 이와 비슷하다. 어쩌다 한 번 단기선교를 가는 사람들은 현지에 가서 맛보기만 보고 오는 것이다.

이제는 가는 선교사(전방 군인), 왔다 갔다 하는 선교사(후방 군인), 1년에 한 번씩 가는 선교사(예비군), 어쩌다 한 번 가는 선교사(민방위), 보내는 선교사(일반 국민) 식으로 좀 더 세분화해야 할 시점이 되었다. 지금은 전방의 문이 점점 더 안 열리는 시점이 되었기 때문이다. 그리고 SNS가 보편화되면서 모든 정보가 노출되어 특별히 보안 지역에 나간 선교사들의 활동이 위축되고 있는 실정이다. 전형적인 선교 사역과 목회로는 선교지에서 살아남을 수도 없고 비자도 받기 힘들다. 실제로 몽골, 중앙아시아 등지의 선교사들이 많이 추방되었다. 그곳의 보안 담당자들도 우리가 아무리 감추어도 선교사인지 아닌지 다 안다는 소리다. 그 나라에서 살아남을 수 있는 유일한 방법은 현지에 도움이 되는 사람이 되는 것이다. 그럴 때 그들은 우리가 선교사인 줄 알고도 눈감아 주게 된다.

또 한 가지 이유는 모든 선교사들이 일정 수준 이상의 전문성을 갖추기는 불가능하기 때문이다. 한 예로 모든 의료 선교사들이 언청이 수술을 하고 복강경 수술을 할 수 있는 것이 아니기에, 후방에서 그런 전문성을 갖춘 선교사들이 항공모함의 전투기처럼 포진해 있으면서 전 세계를 커버할 수 있어야 한다. 그것이 지금과 같은 선교 현실에서 폭격이 필요한 전방 선교사들이 전문성을 갖춘 후방 전문 선교사들에게 보내는 시대적·사역적 요청인 것이다.

누가?(Who)

후방 군인, 다시 말해 후방 선교사란 어떤 사람을 말하는가? 그들은 어떤 조건을 갖추어야 하는가?

첫째, 선교지에 나간 선교사처럼 하나님 아버지의 마음을 품어야 한다.

둘째, 전방과 똑같은 전투력을 갖추고 있어야 한다.

"하나님, 저는 이제 전문성도 갖추었는데 왜 선교지에 안 보내십니까?"

작년에 이렇게 여쭤 본 적이 있다. 그때 하나님은 아주 짤막하게 대답하셨다.

"내가 원하는 것은 전방, 후방의 문제가 아니라 너의 거룩한 삶이다."

그때 나는 또 한 번 하나님 앞에 엎어질 수밖에 없었다.

'전방에 갈 전투력도 갖추지 않고 하나님께 전방에 보내 달라고 떼를 쓰고 있었구나!'

그렇다. 후방이라고 해서 안일하게 있을 것이 아니라 전방 선교사와 똑같은 전투력을 유지하기 위해 거룩함을 잃지 말아야 한다. 전투력은 곧 선교사의 삶이요 거룩함이다. 선교지에 나가 있는 것과 같은 삶을 살아야 한다.

셋째는 앞에서도 얘기한 전문성이다. 전방의 선교사들에게 없는 전문성을 갖추어야 필요한 때 전방에 나가 그들을 도울 수 있다. 예를 들면 복강경 수술이나 장기이식, 구순구개열 수술 등이다.

흔히 군인들은 도리어 훈련도 없고 근무만 서면 되는 전방 근무가 편하다고 말한다. 반면 후방 군인들은 온갖 잡일에 훈련도 많아 전방보다 더 힘들다고 한다. 더구나 후방 군인은 똑같은 군인 신분으로 고생은 고생대로 하면서 누구 하나 알아주지 않는다.

선교사들도 마찬가지다. 선교지에 나가 있으면 차라리 맘이 편하다. 삶이 심플해지니까 하나님의 은혜 가운데 살게 된다. '말도 안 통하는 데서 어떻게 살지?' 하지만 그것은 사탄이 주는 두려움일 뿐 실제로 살아 보면 생각보다 어렵지 않다.

하지만 후방 선교사로 사는 것은 그리 녹록치 않다. 후방 선교사라는 말 자체도 없고, 말이 좋아 후방 선교사지 그 누구도 알아주지 않는다. 몸은 비록 후방에 있지만 똑같이 선교사의 마음으로 절제하며 살아야 하고, 언제든 바로 나가도 선교사들과 같은 호흡으로 일할 수 있도록 전력을 유지해야 하기 때문이다. 누리는 것도 많고 가진 것들도 많은 후방에서 그렇게 살기란 결코 쉽지 않다. 그렇기에 어찌 보면 더 어려운 사역인지도 모르겠다.

2011년 2월에 이어 5월에 아이티에 잠깐 다녀왔다. 2월보다는 소규모였고, 후방 선교사의 부르심을 알게 된 후 처음 가는 단기선교였다. 그래서 그런지 여느 때와 달리 무척 힘들었다. 후방에 적(籍)을 둔 채로 후방 선교사로 사는 게 참으로 힘들다는 것을 깨달았다. 오죽했으면 이런 생각까지 들었겠는가.

'아, 제대하고 싶다. 나도 그냥 예비군으로 살았으면 좋겠다.'

예비군은 남들이 차려 놓은 밥상에 숟가락만 얹으면 된다. 예를 들어 보겠다. 어디서 의료팀이 필요하다는 요청을 받는다. 그러면 내가 가겠다며 진료 가방만 들고 가서 마음 편하게 봉사하고 오면 된다. 그게 예비군이다. 그런데 후방 선교사는 현지에 나가 무슨 일을 어떻게 할 것인가를 고민해야 하고, 그에 따라 팀을 꾸리고 팀원들을 케어하며, 필요한 재정을 만들기 위해 노력해야 한다. 어디 그뿐인가. 신분은 엄연히 선교사니까 현지에 나가 있는 선교사들과 똑같은 자세로 기도해야 된다. 또 적을 둔 직장에서 할 일도 있다. 이렇게 살려니 어찌 힘이 들지 않겠는가?

하지만 그곳에 하나님의 은혜가 있다. 국가에서 군인들에게 필요한 모든 것을 공급해 주는 것처럼 후방 선교사에게도 하나님께서 그렇게 하신다. 그것이 선교사가 누리는 복이다. 반면에 예비군이나 보내는 선교사는 민간인이다. 기본적으로 하나님께서 물질을 얻을 수 있는 길을 열어 주시지만, 어쨌거나 그들은 직업을 가지고 자기가 벌어먹어야 한다. 그래서 선교사들만큼 많은 것을 체험하지 못할 수 있다.

나도 그 전까지는 예비군으로 다니다가 2011년 5월 후방 선교사로서 아이티 사역을 준비하면서 동일한 은혜를 받았다. 재정에 있어서, 사역에 있어서 꿈을 꾸게 하셨다. 2월에 갔을 때 의족이 필요한 아이들이 있었다. 그것을 5월에 가져다주기로 했는데 가는 날 아침까지 재정이 채워지지 않았다. 이미 제작은 끝났고, 의족 기사까지 따라가도록 비행기 표를 끊어 놓은 상태인데 말이다. 그런데 하나님은 놀라운 방법으로 단숨에 2,000만 원을 채워 주셨다. 의족을 한 아이들이 기뻐서 펄쩍펄쩍 뛰는데 그걸 보는 기쁨은 경험해 보지 못한 사람은 모를 것이다. 하나님께 정수기가 필요하다고 하면 정수기 회사 사장이 나타나 해결되었다. 복강경 수술 기계가 필요하다고 요청하면, 방송에 출연해 아이티에도 복강경 기계가 필요하다고 마지막에 홀리듯이 한 말을 듣고 그것을 만드는 회사 사장님이 기증해 주었다. 또 아이들을 위한 영양제 20만 정이 필요하다고 하면 기가 막힌 방법으로 채워 주셨다. 몽골에서 사역할 때 체험한 하나님을 다시 경험하게 되었다.

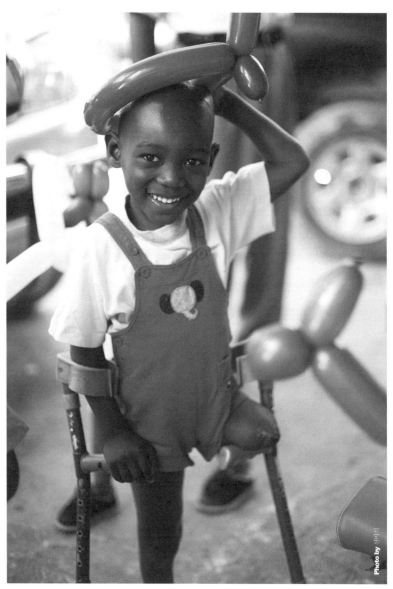

아이티에는 지진으로 팔다리를 잃은 아이들이 많다.
우리가 의족을 가져다 맞춰 준 손손이라는 아이의 모습

후방 군인과 예비군은 종이 한 장 차이지만 하나님의 돌보심은 이렇게 다르다. 내가 후방 군인으로서 사역할 때 느끼는 감격이나 하나님의 은혜는 예비군 때와는 완전히 다른 것이었다.

'앞으로는 더 많은 사람들을 예비군에서 후방 군인으로 만들어야겠어. 그래서 내가 맛본 하나님의 은혜와 감격을 그들도 느끼며 살아갈 수 있도록 해야겠어.'

사역을 마치고 돌아오는 비행기에서 나는 이렇게 다짐했다.

왜?(Why)

후방 사역을 왜 해야 하는가? 이유는 두 가지다. 하나는 전방과 후방의 균형을 맞추기 위해서다. 또 하나는 전방을 잘 돕기 위해서다.

지난 5월 아이티 사역을 다녀와서 느낀 점은 전방과 후방의 전력 차이가 아주 심하다는 것이다. 후방에는 예비군도 있고 일반 국민도 많은데, 후방 군인이 별로 없다는 얘기다. 후방 군인은 항공모함의 전투기와 같다. 전방의 요청이 있을 때 즉각 출격해서 폭격을 가할 수 있어야 한다. 전방 군인에게는 없는 전문성, 재정 등을 갖춘 이들이다.

그런데 전방에만 선교사들이 집중적으로 나가 있으니까^(물론 계속해서 더 나가야 한다) 후방에서 '나는 선교사'라는 정체성을 가지고 전방과 똑같이 호흡하고 같은 마음으로 움직일 수 있는 후방 군인이 너무 부족한 것 같다. 단적인 예로 우리나라에서 파송된 선교사가 2만 명을 헤아리는데 과연 이들을 지원하는 후방 병력은 얼마나 될까? 상식적으로 생각해도 열 배인 20만 명의 후방 병력이 있어야 전방의 2만 선교사들이 전투를 잘 치를 수 있다. 그러나 현실은 전혀 그렇지 못하다.

무엇이든 한쪽으로 치우치면 안 좋다. 전방에서 아무리 잘해도 후방에서 지속적으로 지원해 주지 않으면 일을 할 수도, 열매를 거둘 수도 없다. 전방과 후방이 적절하게 균형을 이루어야 한다. 또 지금의 보내는 선교사, 가끔 가는 예비군 정도의 선교사로는 전방 선교사들을 제대로 도울 수 없다. 이제는 전방 군인과 맞먹는 전투력을 갖춘 후방 군인, 후방 선교사가 필요하다.

어떻게?(How)

후방 선교사는 어떻게 일할 것인가? 항공모함에 대기 중인 전투기처럼 전문성을 가지고, 또 자기의 직업을 가지고 일해야 한다. 이때 중요한 것이 네트워크와 정보다. 정확한 지점에 폭격을 가하기 위해서는 정확한 정보가 필요하듯 우리도 선교지의 필요가 무엇인지를 확실하게 알아야 한다. 선교지에 대한 충분한 정보와 다양한 인적 네트워크를 갖추어야만

매년 몽골인 의사들을 한국 병원으로 불러서 연수시켰다.
한국 연수는 현지 의사 전도에 가장 좋은 수단이다.

사람들을 적재적소에 배치시킬 수 있고, 이렇게 할 때라야 전방 선교사들의 전력을 배가시킬 수 있다.

이를 위해 무엇보다도 선교지에 관심을 가져야 한다. 관심을 갖고 마음을 써야 정보가 들어오고 네트워크가 생긴다. 그들의 필요가 무엇인지, 그것을 채워 주려면 무엇을 해야 하는지, 그 일을 위해 무엇을 준비해야 하는지, 또 어떤 사람들과 함께하면 되는지 등 일단 그곳에 대해 알아야 준비할 수 있기 때문이다.

CGN TV에 〈독수리 5형제〉라는 프로그램이 있는데 나도 이 프로그램을 진행하면서 많은 도움을 받았다. 지구를 지키는 독수리 5형제처럼 복음으로 5대양 6대주를 지키는 선교사들을 찾아가는 프로그램인데 여러 선교지를 돌아보면서 각 선교지에 대한 다양한 정보를 얻고 네트워크도 형성할 수 있었다.

전문적인 기술을 가진 후방 선교사라면 현지 사람들을 한국으로 데려와 소수 정예로 훈련시킬 수 있다. 복음을 전한 후 그들을 양육하는 데는 후방 사역이 더 좋은 시스템이 될 수 있다. 나 같은 경우 현지 의사들을 데려다가 우리 병원에서 연수를 시키며 양육하고 있다.

무엇을?(What)

후방 선교사는 어떤 일을 하는가? 현지 선교사들은 할 수 없는, 그러나 현지 선교사에게 도움이 되는 일을 해야 한다. 또 하나는 그들과 같은 마음으로 그들을 돌봐야 한다.

먼저 선교사를 돌보는 일을 생각해 보자. 굳이 후방 선교사가 아니더라도 누구나 현지 선교사를 돌볼 수 있다고 생각할 것이다. 그러나 후방에 있는 사람들이 흔히 범하는 실수(?)가 있다. 일례로 선교지에 갈 때 선교사들에게 신앙서적들을 갖다 주곤 한다. 과연 선교사들이 좋아할까? 안 좋아하지는 않겠지만 아주 재미있는 책이 아니라면 그 책은 책꽂이에서 잠잘 가능성이 높다. 거의 모든 나라를 통틀어 선교사들이 가장 좋아하는 선물은 아마 드라마 CD일 것이다.

선교사들을 만나면 무언가 해드려야 할 것 같은 부담감을 갖는데 전혀 그럴 필요가 없다. 선교사들을 이해할 때 우리가 가장 먼저 생각해야 할 것은 그들도 우리와 똑같은 성정을 가진 사람이라는 것이다. 그들도 외롭고 힘들고 지친다. 그들이 처한 환경이 더욱 그렇게 만든다. 이제는 그들의 사역을 돌아보기 전에 그들 자체에 집중해야 될 때라고 생각한다.

어떻게 전방의 선교사를 돌볼 수 있을까? 대답은 간단하다. 그들과 같은 마음을 품으면 된다. 똑같은 군인의 입장에서 생각하면 된다. 그럴 때 그들에게 필요한 것, 그들의 가려운 곳이 보일 것이다. 그리고 그것들을 채워 주는 것이 후방에 있는 사람들의 역할이라고 믿는다.

그렇다면 전방 선교사들이 할 수 없는 일은 무엇일까? 마다가스카르에서 했던 구순구개열 수술이 좋은 예다. GIC 성형외과 선생님들이 에티오피아, 인도네시아 등지에 가면 한 번에 스무 명씩 수술을 해준다. 2011년 온누리교회 특별새벽기도회 때도 마다가스카르 사역 영상을 보여 주었는데 아프리카를 포함한 많은 후진국에서는 구순구개열 같은 병들이 저주의 결과라고 생각한다. 저주를 풀기 위해 무당을 찾아가지만 고쳐질 리 만무하다. 그래서 그들은 사회에서 왕따처럼 살아간다. 그런데 우리가 가서 수술해서 고쳐 주면 깜짝 놀란다.

"너희들이 데리고 온 신은 누구냐? 우리가 보니 무당이 섬기는 신보다

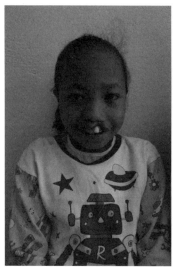

구순열 환자의 모습. 이런 환자들을 전방에 있는 의료 선교사들이 다 해결할 수는 없다.
이런 환자들을 후방에서 해결해 주는 것으로 복음을 전할 수 있다.

마다가스카르의 신경섬유종 환자.
아프리카에서 이런 환자들은 저주를 받았다고 여겨져 사회에서 격리된다.

더 센 것 같은데 우리에게도 소개해 달라."

이렇게 해서 온 동네가 한꺼번에 개종하는 일이 일어난다. 의료 선교가 단순히 병을 고치는 게 아니라 그 마을의 문을 열고 선포하는 역할도 하는 것이다. 그러면서 우물을 파 주는 등 지역 개발 사업을 하면 그 물을 먹는 사람들은 통째로 그리스도께로 돌아오는 일이 벌어진다.

2011년에 있었던 아이티 사역도 좋은 본보기가 될 수 있다. 한국에서 많은 의료팀들이 아이티에 가서 일을 하고 싶어도 현지 병원과 연결된 곳이 없었다. 임시로 세워진 진료소에 가서 진료를 하고 약을 나눠 주는 것으로는 현지 의사들을 움직일 수가 없다. 그래서 현지 병원을 섭외해 복강경 장비를 설치해 주니 현지 의사들도 배우고 싶어 했고 그곳을 중심으로 선교의 거점이 마련되었다. 아이티 유일의 복강경이라고 해서 여러 의사들이 모였고 그것을 계기로 복음을 전할 수 있었다.

아이들을 위한 영양제만 해도 그렇다. 아이티에 처음 갔을 때 텔레비전에서 보던 진흙쿠키를 먹는 아이들을 보고 억장이 무너졌다.

'진짜 저것을 먹고사는 사람들이 있구나!'

그들이 진흙쿠키를 먹는 이유는 배고픔을 달래는 것도 있지만 원래는 미네랄, 철분 등 부족한 영양분을 보충하기 위해서다. 가서 보니 정말 아이들의 영양 결핍이 심각했다. 한국에 돌아와서 3개월 동안 발품을 팔고 공문을 보내고 전화를 해서 영양제 20만 정을 모았다. 1,000여 명의 고아들이 1년 동안 먹을 수 있는 양이었다.

아이티의 진흙쿠키

"우리나라는 한국전쟁을 겪었단다. 나는 그 이후에 태어나서 전쟁을 안 겪었지만 우리도 분명히 이런 흙을 먹었을 것이다. 우리는 너희보다 훨씬 어려웠다. 온 나라가 폐허로 변해 버렸지만 이렇게 일어난 것을 봐라. 너희도 분명히 다시 일어설 수 있을 테니 용기를 잃지 마라."

아이들에게 영양제를 나눠 주며 이렇게 말했다.

아이티는 가까운 미국에서 할 일이 더 많겠지만 우리에게도 부르심이

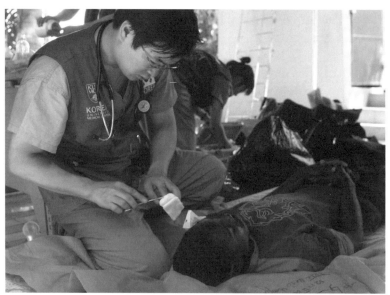

아이티 긴급 구호 활동 중 진료하는 장면

있다고 생각한다. 우리야말로 그들에게 희망을 전할 수 있는 유일한 사람들이기 때문이다. 만약 내가 예비군 신분으로 갔다면 '아, 저렇구나' 하고 말았을 것이다. 하지만 후방 군인으로 갔기 때문에 계속해서 관심을 갖게 되고 다음에 가서 무슨 일을 해야 할지 등이 보이는 것이다.

간혹 현지 선교사들과 부딪치는 경우가 있다. 후방의 도움 같은 것은 필요 없다고 말하는 이들도 있다. 흔히 말하는 센 사람들과는 일하기 힘든 게 사실이다. 모든 일을 본인 위주로 하려고 하기 때문이다. 바라기는 현지에 나가 있는 선교사들도 이제는 전방과 후방이 잘 협력해서 나가야 할 때라는 것을 인식하고 후방 선교사들과 함께 동역했으면 좋겠다.

언제, 어디서?(When & Where)

우리는 "주여, 나를 보내소서" 하고 전방에 나가야 한다. 또 후방에서 전문성을 갖추고 대기하고 있으면서 전방의 요청이 있으면 언제든지 달려갈 준비도 해야 한다.

예전에는 주로 가기 편한 데로 갔다. 대표적인 곳이 몽골, 캄보디아, 필리핀 등이다. 거기 가는 게 잘못됐다고 말하는 게 아니다. 이제 그런 곳들은 가끔 가는 예비군 선교사들에게 맡기고 후방 군인들은 정말 첨예하게 영적 전쟁을 하고 있는 곳으로 나가야 한다. 현지 선교사의 힘만으로는 길을 뚫을 수 없는 곳, 정말 가기 힘든 곳에 소수 정예로 날아가서 폭격을 때려 현지 선교사들이 일할 수 있도록 해줘야 한다.

직장생활하면서 어떻게 그럴 수 있냐고 반문할지 모르겠다. 나 역시 바쁜 대학병원의 의사로 직장생활을 하지만 1년에 평균 세 번 정도 사역을 나간다. 여름 휴가, 추석, 설 연휴 등을 이용하면 대개 직장인에게 주어진 10일 정도의 연차를 이용해 이런 역할을 충분히 감당할 수 있다. 이 정도까지는 아니더라도 1년에 한 번은 꼭 사역지를 방문하겠다고 결단하기 바란다. 그리고 다 차려진 밥상에 숟가락만 놓는 것이 아니라 지속적으로 관심을 갖고 선교사들과 정보를 공유하며, 현지의 필요를 채워줄 수 있는 사역들을 준비해서 날아가기 바란다. 이것이 곧 후방 사역이지 않겠는가.

사역지는 결코 멀리 있지 않다. 아이티는 우리나라에서 갈 수 있는 가장 먼 곳 중 하나지만 내게는 언제든지 갈 수 있는 나라다. 아프리카, 중앙아시아, 라오스, 미얀마 등 우리가 눈을 돌려 새롭게 개척해야 할 곳은 아주 많고 그곳은 그렇게 멀리 있지 않다. 문제는 우리의 마음이다.

"이 천국 복음이 모든 민족에게 증언되기 위하여 온 세상에 전파되리니 그제야 끝이 오리라"(마 24:14).

현재 내 마음속 1순위는 아이티의 고아들이다.

아이티 고아원의 아이.
영양실조로 기운이 없어서 우리가 놀아 줄 때도 갑자기 픽 쓰러지곤 했다.

부르심을
기억하며…

이 책은 선교지로 갈 것인지 말 것인지를 고민하던 중에 씌어졌다. 글을 쓰기로 마음먹고 나서 이런 생각을 했다.

'아, 하나님께서 이제 선교지로 가게 하시려나 보다. 책이 나온 시점에 맞춰 선교지로 딱 나가면 멋지겠는걸! 이렇게 맞춤으로 인도하시네. 하하.'

그러나 하나님의 인도하심은 다른 방향이었다.

하나님은 2010년 12월 25일 온누리교회 특별새벽기도회 때 말씀을 전하게 하시면서 나의 생각을 정리할 시간을 주셨다. 전방과 후방을 정하는 것은 하나님의 권한이며, 내게 필요한 것은 거룩한 삶이라는 것을.

그 후 말씀에 순종해 삶을 간결하게 정리했을 때 드디어 몽골로 다시 갈 수 있는 구체적인 길들이 보이기 시작했다. 몽골 의과대학에 교수로 와서 장기이식센터를 만들어 달라는 요청이 들어왔고, KOICA에서 '월드

프렌즈'라는 프로그램으로 그 일을 해볼 수 있는 가능성이 열리기 시작한 것이다. 나는 그때 정말 흥분이 되었다.

"하나님, 이 길은 제가 정말 하고 싶고 원하던 길입니다!"

병원에도 사직 의사를 밝혔다.

"병원을 정리하고 내년쯤에는 몽골로 나가려고 합니다. 후임은 잘 준비해 놓을 테니 걱정하지 마십시오."

최고 책임자인 의무부총장님을 만나서 이렇게 말씀드렸다.

"이제 한창 이식 분야가 자리를 잡고 있는데 무슨 뚱딴지 같은 소립니까? 그건 말도 안 됩니다."

원장님은 펄쩍 뛰셨지만 내게는 이 길에 대한 확신이 있었다. 물론 아내도 동의하고 기쁘게 준비하기로 하였다.

내가 너무 급하게 설쳤기 때문일까. 하나님도 다급하셨는지 어머니가 유서를 쓰는 사건으로 나를 진정시키셨다. 내년에 선교지로 간다는 소식을 어디서 들었는지 어머니가 작정하고 유서를 쓰신 것이다. 당신은 절대로 따라가지 않을 것이며, 집도 나가겠다고 엄포를 놓았다. 어머니의 마지막 소원이니 한 번만 들어 달라고도 했다. 나는 멈칫하지 않을 수 없었다. 외아들로서 이제야 한 집에서 모시고 사는 팔순 노모가, 더군다나 2년 전에 암 수술을 받아 건강도 온전치 않은 분이 결사코 반대하시니 어쩔 도리가 없었다.

다시 하나님 앞에 무릎을 꿇고 여쭸다.

"하나님, 아버지의 뜻은 대체 어디에 있습니까? 뭐라고 말씀하셔도 순종할 테니 제발 말씀을 좀 해주십시오."

그러기를 두 달, 드디어 올해 4월의 어느 주일예배에서 하나님은 내게 말씀하셨다. 10년 전 몽골에 가기 전에 하신 말씀이었다. 바로 누가복음

10장의 마리아 자매 이야기였다. 말씀이 선포되는 순간 하나님이 내게 말씀하심을 직감했다. 하나님은 내게 물으셨다.

"너는 왜 선교지에 나가고 싶어 하느냐?"

많은 사람들은 한국에서 안정적인 직장, 좋은 교수 자리도 마다하고 하나님께 헌신하는 자리로 나간다며 칭찬했지만, 사실 내 본심은 그게 아니었다. 선교지의 삶이 훨씬 재미있다는 것을 알기 때문에 그것을 택한 것이다. 사람들은 월급도 적고 생활도 불편한데 뭣 하러 가느냐고 하지만 나는 그것이 아무것도 아니라는 것을 경험으로 이미 잘 알고 있었다.

여기서 교수직을 유지하려면 만날 논문에, 연구 실적 등으로 스트레스를 받아야 한다. 그리고 가끔 이식을 위해 쥐 실험도 해야 하고, 각종 통계 프로그램과 엑셀 데이터와 씨름해야 한다. 그때마다 '내가 지금 뭐 하고 있나. 몽골, 아이티 등 전 세계에 할 일이 얼마나 많은데 여기서 뭐 하나'라는 생각이 들었다. '나는 세계 선교에 헌신한 사람이지 이식의 발전에 내 인생을 헌신한 것이 아닌데…'라는 생각도 들었다. 왜냐하면 그 일을 할 이식의 대가들은 나 말고도 많으니까.

환자를 보고 이식수술을 하는 일은 내게 큰 즐거움이고 그것 역시 하나님의 사역이지만, 내게는 교수의 삶보다는 선교사의 삶이 더 맞는 것 같았다.

그래서 하나님께 이렇게 대답했다.

"저 교수 하기 싫습니다. 선교지로 가겠습니다. 하나님, 그걸 위해서 저를 이렇게 준비시키시지 않았습니까?"

"더 깊은 네 속을 보자."

하나님께서 말씀하셨다.

나는 지금 몽골에 가면 그곳 대통령, 국무총리, 장관 등과 알고 지낸다.

의대 교수직까지 버리고 몽골 의과대학의 장기이식센터 소장으로 가니 한국에서도 몽골에서도 얼마나 스포트라이트를 받겠는가. 몽골말 되지, 일 잘하지, 이미 인맥과 네트워크도 잘 되어 있지, 뭐 하나 걸릴 것 없이 마르다처럼 아주 신나게 일할 것이다.

"왜 너는 10년 전과 똑같이 네가 하고 싶은 것으로 인정받기를 원하느냐? 왜 네가 하고 싶은 일로 섬기겠다고 또 떼를 쓰느냐? 그 뒤에는 네가 영광 받고 네가 인정받고 싶어 하는 마음이 있지 않느냐?"

하나님께서 이렇게 치시는데 할 말이 없었다. 한동안 잠자코 있다가 하나님께 여쭈었다.

"하나님, 그래도 저를 이렇게 준비시키시지 않았습니까? 이젠 제가 가서 장기이식도 할 수 있고 몽골의 제자도 키울 수 있습니다."

"지금은 아니다. 20년 전 내가 너와 재학이에게 주었던 꿈이 무엇이냐?"

"고대 의대를 통해서 로제타 홀의 빚을 갚는 것이었습니다. 로제타 홀이 이 땅에서 행한 일들을 지금 세대에 다시 일으키는 것이었습니다."

그러고 보니 나는 물론 고려대 의대도 그 일들을 잊고 있었다. 그러다 팀을 꾸려 학생들을 몽골로, 아이티로, 마다가스카르로 데리고 나가고, 선교지에 다녀온 학생들의 인생이 변하고 목표가 생기는 것을 보면서 나는 다시금 예전의 그 부르심을 기억할 수 있었다. 하나님은 그 모습을 보여 주시며, 하기 싫어도 지금은 이곳에 있는 것이 분명한 하나님의 뜻임을 알려 주셨다.

그때도 참 많이 울었다. 울면서 내 안에 이런 믿음이 생기는 걸 느꼈다.

'아직도 내 안의 우상을 제거하지 못했구나. 이 문제를 해결하는 날 하나님께서 나를 보내시겠구나.'

이 책을 마치면서 이제는 홀가분하다. 더 이상 전방과 후방의 문제가 아니라는 것을 분명히 알았기 때문이다. 어디서든 선교사로 살 수 있고, 그렇게 사는 자를 하나님은 동일하게 복 주신다. 하나님은 전쟁에서 이기기 위해 최고의 용병술을 펼치시는 선교 사령관이심을 나는 믿는다. 그래서 나를 후방에 잠시 두기로 하신 것에 감사한다.

생각해 보니 하나님이 맡기신 교수의 직분이 얼마나 귀한지 모른다. 미래의 로제타 홀인 학생들에게 비전을 심어 줄 수 있고, 전 세계 환자들을 치료할 수 있고, 전 세계 의사들에게 물고기 잡는 법을 가르칠 수 있으니 말이다.

거룩함으로 무장한 후방 선교사를 세우는 일, 그것이 전방에 나가기 전까지 내가 해야 할 미션이다.

"내가 달려갈 길과 주 예수께 받은 사명 곧 하나님의 은혜의 복음을 증언하는 일을 마치려 함에는 나의 생명조차 조금도 귀한 것으로 여기지 아니하노라"(행 20:24).

이 책을 쓰던 중에 내게 책을 써 보라고 권하신, 나의 목자셨고 내게 선교가 무엇인지 가르쳐 주신 하용조 목사님이 2011년 8월 2일 갑자기 하나님 품에 안기셨다. 다른 모든 성도들과 마찬가지로 나 역시 너무나 놀라고 황망스러웠다. 무엇보다도 이 책을 보여 드리지 못해 목사님께 너무나 송구스러웠다. 그 뒤로 며칠을 밤을 새며 박차를 가했다. 이 책은 내게는 목사님께서 내게 유업으로 명하신 것과 마찬가지였기에.

"하 목사님, 남은 평생 목사님을 기억하며 사명 따라 살겠습니다. 책 내라고 해주셔서 감사드립니다."

"하나님, 나 같은 것을 부르셔서 고치시고 사용해 주셔서 감사드립니다. 그 놀라운 하나님의 은혜에 감사드립니다."

내
가
본
박
관
태
선
교
사

⋯⋯

이철희 · 최인근 · 이정수 · 이현성 · 친다요쉬 · 바트새홍

나
의
사
랑
,
나
의
고
민
…
이
철
희

    이동원 목사님께서 하용조 목사님을 향해 '나의 사랑, 나의 고민'이라고 표현한 것이 기억난다. 이것은 박관태 형제를 향한 나의 마음을 가장 정확히 표현한 것이기도 하다.

    나는 지금까지 박관태 형제만큼 자신의 일에 열정을 가진 사람을 본 적이 없다. 그는 쉬는 시간이 없다. 몸이 부서져라 일한다. 일벌레라는 말이 어울린다. 일중독에 걸린 것이 아닌가 하는 생각이 들 정도다. 그렇기에 그는 혼자서 열 사람의 몫을 해낸다. 지금도 의사로, 교수로, 방송인으로, 선교사로 많은 몫을 감당해 낸다. 많은 활동을 하지만 어느 역할 하나 대충 하는 법이 없다. 책을 쓸 계획이라는 말을 들었을 때 '과연 가능할까'라는 생각을 했다. 그 많은 일을 감당하면서 책을 쓸 만한 시간을 내는 것은 불가능하다고 여겼기 때문이다. 그런데 그는 또 해내고 말았다. 나는 일에 대한 그의 열정을 사랑한다. 그의 열정이 많은 일들을 이뤄 가기 때문이다.

그러나 나는 그에게 종종 꾸중 아닌 꾸중을 한다. 일에 대한 열정 때문에 가정이 희생되는 것이 안타까워서다. 더 많은 사람을 살리기 위해 가족과 보내는 시간조차 포기하는 모습은 분명 그를 향한 나의 고민이다.

많은 사람들이 지금은 전문인 선교를 할 때라고 입을 모은다. 그러나 전문적인 기술과 선교적 열정을 동시에 갖춘 사람은 많지 않다. 관태 형제는 이 두 가지를 모두 갖춘 보기 드문 사람이다. 그는 의사로서 최고의 전문적인 실력을 갖추고 있다. 프로 의식을 갖춘 진정한 의사다. 그는 사람을 살리기 위해 자신의 몸을 불사른다. 한 사람을 치료하기 위해서 수백 킬로미터의 험한 길도 마다 않고 달려간다. 그는 지금도 몽골의 환자들을 치료하기 위해 1년에도 여러 차례 몽골을 드나든다. 그가 몽골에 나타나면 수술 환자들이 줄을 서서 그를 기다린다. 그의 실력과 열정을 알기 때문이다. 뿐만 아니라 관태 형제는 선교에 대한 열정과 안목도 갖추고 있다. 그의 선교는 육신의 치료만이 아니다. 영혼의 치료도 함께한다. 영혼을 치유하는 것이 그의 선교의 특징이다. 잃어버린 영혼을 구원하고 제자로 만들기 위해 자신의 것을 기꺼이 희생하고 헌신할 줄 안다.

관태 형제는 하나님 앞에 참 순수한 사람이다. 어린아이와 같다. 그는 명예와 돈에 얽매이지 않는다. 그는 교수로, 의사로 명예와 돈을 함께 누릴 수 있지만 기꺼이 그것을 포기할 줄 안다. 그는 자신이 하는 일을 자랑하지 않는다. 그는 수입의 많은 부분을 선교에 사용한다. 하나님께서 말씀하시면 머뭇거림이 없다. 주저함도 없다. 사역에 대한 걱정이나 두려움도 없다. 그저 순수하게 말씀을 의지하며 따라간다. 그래서 그는 늘 하나님의 음성을 들으려 노력한다. 물론 사람의 말도 귀담아듣지만 그의 최종 결정은 늘 하나님의 말씀이 기준이다.

관태 형제는 열정의 사람이요 진정한 의사요 선교사다. 그는 아름다운 믿음의 사람이다. 그래서 나는 그를 사랑한다. 그러나 나는 그가 아내의 손을 잡고 공원의 산책로를 걷는 모습을 보고 싶다. 몽골을 방문하거든 하루쯤은 나를 위해 시간을 비워 두었으면 좋겠다. 모든 것을 다 잊고 하루쯤은 축구도 하고 커피도 마시고 울고 웃는 모습을 보았으면 좋겠다. 언제쯤 그런 날이 올까? 관태 형제가 그럴 수 있을까? 그것이 고민이다.

· 이철희 선교사_ 온누리교회 파송 몽골 선교사

박 선교사의 힘의 원천은 골방… 최인근

처음 박관태 선교사와 심재학 선생을 만난 것은 1990년. 당시는 내가 의대 선배로서 두 사람을 스치듯이 지나쳤다. 그러다 예과 1학년으로서 1학년 기독인의 모임을 주도하던 두 형제가 이후 의대 기독학생회로 연결되면서 나와는 절친한 선후배 사이가 되었다. 이후 심재학 선생은 내과로, 박관태 선교사는 외과로 전공을 정했는데 그 이유가 몽골 선교를 위한 것이라고 들었다. 1990년대 중반이었지만 몽골은 내게 생소한 곳이었다. 그런데 두 형제는 그곳에 가기 위해 준비하면서 그곳은 길이 좋지 않아 지프를 준비해야 한다는 등의 얘기를 나누곤 했다.

그러나 하나님께서는 두 형제의 열망과는 좀 다르게 인도하셨다. 예기치 않은 심재학 선생의 하늘로의 부르심은 그런 계획을 알고 있던 나로서도 적지 않게 당황스러웠고 하나님의 뜻을 이해하기 어려웠던 것이 사실이다. 하지만 박관태 선교사는 예정대로 2001년에 몽골로 들어갔고, 당시 KOICA의 국제협력의사로 몽골에 파견되어 있던 나는 이후 2년여를 몽골에서 박 선교사와 같이 생활하게 되었다. 그때 진정한 의료 선교가 무엇인지를 많이 고민하고 기도했던 기억이 난다. 단순히 환자를 돌보고, 치료하는 것 이상의 그 무엇을 바랐던 것이다.

그 무렵 박관태 선교사에게 하이르 교회 목회가 맡겨졌다. 전임 선교사님이 훌륭하게 이끄셔서 많은 부담감이 있었지만 본인은 하나님 앞에서 서원기도를 하면서 교회의 부흥을 기대했고 결과적으로 하나님께서는 그의 기도 이상으로 응답하셨다.

그렇다. 박관태 선교사는 몽골어로 설교하면서 교회 사역을 성공적으로 감당했고, 교회에도 많은 부흥이 있었다. 연세친선병원에서는 수술실조차 잘 갖추어지지 않은 상황에서 시작해 새로이 복강경 수술을 도입하여 많은 몽골의 담석증 환자를 치료했다. 몽골 복강경학회를 만들고 복강경 수술 보급에도 많은 공헌을 했다.

곁에서 그를 지켜보며 때때로 좀 무모한 계획이 아닐까 생각하기도 했다. 그러나 하나님은 박관태 선교사를 사용하셔서 그 무모한 계획들을 현실로 이루어 주셨다.

그의 집에 가면 조그만 기도방이 있었다. 나는 그것이 박관태 선교사의 힘의 원천임을 잘 안다. 항상 차에서는 찬양을 듣고, 틈만 나면 기도방에서 기도함으로써 하나님의 일들을 감당해 가는 그의 모습은 정말이지 믿음직스러웠다.

숱한 어려움 속에서도 박관태 선교사는 본인에게 맡겨진 사명이 무엇인지 잘 알았고, 하나님께 순종하며 감당해 나갔다. 언제나 심재학 선생을 잊지 않더니, 결국 도르노트에 심재학 선생을 기념하는 의학도서관을 만들었다. 그들의 우정은 정말 본받을 만하다고 생각한다. 또한 하나님에 대한 그의 열정과 신실함을 높이 산다. 앞으로 하나님께서 박관태 선교사를 통해 무슨 일을 이루실지 많이 기대된다.

· 최인근 교수
고대 의대 혈액내과 교수로 섬기고 있다. 최인근 교수는 박관태 선교사가 가장 좋아하는 선배이자 동역자다. 심재학 형제를 떠나보낸 아픔과 사연을 박 선교사와 함께 공유하고 있는 선배고, 고대 의대 기독학생회 선후배로서 20년간 형제처럼 지내고 있다.
심재학 형제가 투병하던 당시 수석 전공의로서 심재학 형제를 치료하기도 했다. 심재학 형제가 떠나기 얼마 전 최인근 교수에게 "나 대신 몽골에 가 달라"고 부탁해서 그는 심재학 형제 대신 몽골에 갔다. 그곳에서 박 선교사와 2년 가까이 함께 지냈다.

긍휼과 열정!

박관태 교수에게서 느껴지는 두 단어다. 그는 하나님께서 주신 긍휼한 마음과 의술이라는 재능을 가지고 아픈 사람들을 찾아가서 희망의 씨를 뿌리고 온다. 아름다운 세상을 위해. 이를 위한 그의 열정은 그 누구와도 비교할 수 없다. 때로는 소중한 사람들을 뒤로한 채 힘든 여정을 떠나는 것도 마다하지 않는다.

세상의 눈으로 보면 참 미련해 보일 수 있지만 하늘의 입장에서 보면 박관태 교수는 진정 우직한 하늘나라의 청지기다. 가장 소중한 것을 지키려 많은 대가를 치르는 이 시대의 소금이다.

> "하나님이 자기 형상 곧 하나님의 형상대로 사람을 창조하시되 남자와 여자를 창조하시고"(창 1:27).

태초에 하나님께서 우주만물을 창조하실 때 오직 인간만 하나님의 형상대로 창조하셨다. 하나님은 영이시다. 인간은 하나님의 속성을 닮아 의롭고 거룩하며 지혜로운 존재로 피조되었는데 하나님을 배반하고 범죄함으로써 하나님의 형상을 상실하고 말았다. 하나님은 인간에게 하나님의 형상을 회복시키기 위해 독생자 예수님을 보내셨다. 상실된 하나님의 형상을 회복하는 것이 곧 구원이며 우리 GIC(Global Image Care)의 존재 이유다.

GIC는 박관태 교수와 함께 기획되고 시작된 의료봉사 단체다. 지금은 많은 의사들이 뜻을 같이하고 있다. 예수님을 통한 하나님의 형상 회복을 사명으로 저개발국가의 아이들과 고아들의 건강뿐 아니라 그들의 희망을 위해 노력하고 있다.

나이는 나보다 어리지만 함께 GIC 활동을 하며 박 교수와 나는 친구가 되었다. GIC의 기획이사로 활동하고 있는 박관태 교수는 직함에 걸맞게 늘 왕성하게(?) 일을 벌이는 행동대장이다. 바쁜 대학병원의 의사로 일하면서도 어떻게 그 많은 일들을 해 나가는지, 그 힘은 어디서 오는지 무척 궁금하다. 아마도 그건 하나님의 사랑을 경험한 자만이 소유한 힘이 아닐까 생각한다. 하나님을 향한 뜨거운 사랑과 열정으로 똘똘 뭉친 그가 있기에 함께 활동하는 우리 회원들은 참 기쁘고 든든하다. 그의 사랑과 열정은 고스란히 우리에게 전이되어 어느새 우리도 그렇게 변화되어 가기 때문이다.

그는 오늘도 새로운 아름다움을 위해 준비하고 기다리고 있다. 그와 함께 치료자 하나님의 도우심을 통해 복음과 인술로 하나님의 형상을 회복하고 인류의 건강 증진에 기여하고자 하는 우리 단체에 더 많은 동역자가 함께하기를 바란다.

· 이정수 원장_ GIC 사무총장, 봄성형외과 원장으로 섬기고 있다.

선교란 재밌고 신나는 일임을
몸소 보여 준 사람… 이현성

박관태 선교사와의 첫 만남은 2002년 경배와찬양 사무실에서였다. 몽골에서 온 의료 선교사라는 말에 머리가 희끗희끗한, 연륜이 지긋한 분을 상상했는데 너무나 젊은 의사 선생님이 나타나서 무척 놀랐다.

학창 시절 하나님과의 첫사랑을 경험한, 몽골의 영적 부흥을 위해서는 경배와찬양 사역이 필요하다는 간절한 소망을 품은 한 의사 선생님의 비전은 몽골에 경배와찬양 사역의 기초를 놓는 일에 귀하게 사용되었다. 온갖 영적 방해와 영적 전쟁 속에 준비되고 진행된 몽골 제1기 경배와찬양

학교와 큰잔치에 수많은 몽골 사람들이 하나님께로 나오는 열매가 있었고, 그 부흥은 경배와찬양 월례 모임과 헌신자 훈련을 통해 지속되었다.

이 부흥의 역사에는 몽골의 부흥을 사모하는 여러 사람의 눈물과 기도가 있었고, 박관태 선교사는 이 일을 신실하게 섬긴 귀한 동역자였다.

내가 경험한 박관태 선교사는 늘 신나는 사람이다. 의사와 선교사, 한 아내의 남편이자 아버지로서 늘 바쁘게 살면서도 그는 늘 자신에게 주어진 삶에 신나 했던 사람이다. 때론 그의 멀티한 사역 때문에 동역자들이 지쳐 나가떨어지기도(?) 했지만 박관태 선교사는 백만 볼트의 에너자이저처럼 자신의 일들을 헤쳐 나갔다.

3년여의 짧은 시간 동안 지켜보며 그에게서 늘 도전 받는 것은 '선교란 자신을 포기해야 하는, 대가를 치러야 하는 고통스러운 일이 아니라 힘든 일도 많지만 재밌고 가장 신나는 일'이라는 점이다. 그는 자신의 삶을 통해 이것을 보여 주었다.

박관태 선교사는 눈물이 많은 사람이다. 외과의사라는 직업병이 발동될(?) 때면 누구보다도 냉정하고 빠르게 결정을 내리지만, 하나님의 사랑 때문에 감격해서 울고, 자신의 부족함 때문에 아파서 울고, 자신에게 맡겨진 사람들의 고통 때문에 우는, 정말 잘 우는 사람이다.

그는 KOICA의 국제협력의사로 몽골에서 의사로, 선교사로 섬기고 있을 때 아버지의 소천 소식을 들었다. 막내아들에게 각별한 사랑을 주신 아버지의 임종을 지키지 못하고, 타국에서 임종 소식을 듣고는 한국행 비행기 표를 구하기 위해 동분서주하면서 차마 눈물조차 흘리지 못하던 박 선교사의 아픈 뒷모습이 떠오른다. 선교란 때로는 선교사의 아픈 눈물을 통해 이루어지는 것임을 그때 알았다.

박관태 선교사는 용기 있는 사람이다. 2004년 서빙고 JDS팀과 여름 아웃리치를 떠난 적이 있다. "복음 들고 산을 넘는 자들의 발길 아름답고도 아름답도다~"라는 찬양처럼 비행기를 타고, 쿠션감이 전혀 없는 러시아 지프차에 몸을 맡기고, 다시금 무려 반나절을 말을 타고 가야 했던 몽골의 숨겨진 소수 민족 차튼족을 찾아가는 여정이었다.

해발 2,500m가 넘는 그 산속에서 박관태 선교사는 마취의사, 간호사 한 명을 데리고 텐트 속에서 과감히(?) 수술을 감행했다. 수술기구가 잘 갖춰진 것도 아니고 소독이 완벽하게 되지도 않는 그 평범한 텐트 속에서, 한 번도 변변한 의료 혜택을 누리지 못한 사람들을 위해 그는 무모한 도전을 서슴지 않았다. 며칠간 계속 쉼 없이 행해진 수술…. 수술 후에는 피 묻은 수술복과 환자들의 시트를 냇가에서 묵묵히 빨던 박관태 선교사는 하나님의 진정한 용사였다.

이 책을 통해 연약하지만 자신의 생명을 드리고자 하는 사람을 통해 하나님께서 얼마나 멋지게 일하시는 분인가가 증거되기를 바란다. 또 박관태 선교사의 고백처럼 선교가 얼마나 신나고 재밌고 생명을 걸 만한 일인가를 알게 되기를 바란다.

· 이현성 선교사_경배와찬양 파송 몽골 선교사

예배 인도자의 꿈을 꾸게 한
귀한 통로… 친다요쉬

나는 친데라고 한다. 1986년에 태어났고 예수님을 영접한 지 9년이 되었다. 지금은 횃불트리니티 신학대학원대학교의 목회학 석사과정을 공부하고 있다. 나는 박관태 선교사님의 몽골 사역의 첫 열매 중 하나요 처음 제자 중 한 명이라고 생각한다.

박 선교사님께서 하이르 교회를 맡아 사역을 시작한 첫해인 2002년 여름, 나는 처음으로 박 선교사님과 함께 여름 수련회에 참석했다. 그리고 그 해 여름 수련회는 내 인생의 터닝 포인트가 되었다. 나는 그곳에서 예수님을 만났고, 수련회 마지막 날에 박 선교사님께 세례를 받았다. 뿐만 아니라 예수님 안에서 나의 비전을 발견했다.

지난날들을 돌아보면 박 선교사님과 선교사님께서 가르치신 모든 것은 내 인생의 많은 부분을 이루고 있음을 고백하지 않을 수 없다. 박 선교사님을 따라 북한을 향한 뜨거운 마음을 품었을 뿐 아니라 선교사로서 부르심을 받게 된 것이다.

박 선교사님은 몽골에서 정말 많은 일을 하셨다. 연세친선병원에서 의사로 일하면서 하이르 교회를 담임하셨고, 몽골 올네이션스 경배와찬양 모임을 주관하셨다. 늘 분주하지만 흔들림이 없는 선교사님이기에 하나님께서 크게 사용하시는 것을 제자로서 무척 자랑스럽게 생각했다.

나는 늘 하이르 교회의 수요 찬양예배와 올네이션스 경배와찬양 모임이 빨리 오기를 기다리곤 했다. 박 선교사님이 인도하시는 찬양과 기도에는 남다른 힘이 있었기에 나는 모임에 갈 때마다 하나님의 깊은 임재 가운데 들어갈 수 있었다. 그 시간이 너무 뜨겁게 좋아서 이후 나는 박 선교사님처럼 하나님 마음에 합한 예배 인도자가 되고 싶다는 꿈을 꾸게 되었다. 그리고 실제로 박 선교사님이 한국으로 귀국하신 후 하이르 교회의 찬양 인도와 경배와찬양 모임을 인도하기도 했다. 하나님께서 나를 예배 인도자로 부르셨음을 굳게 믿는다.

지금 내가 한국에 나와 학교를 다니게 된 것도 박 선교사님과 관련이 깊다. 박 선교사님을 통해 이 학교의 문을 열어 주신 하나님께 감사드린다. 그리고 미래에도 박 선교사님과 함께 동역하게 될 것을 굳게 믿는다.

박 선교사님은 한국에 돌아와서도 몽골을 잊지 않고 매년 몽골에 가서 진료도 하시고, 한국에 오는 많은 몽골 환자들을 도와주신다. 박 선교사님은 정말이지 몽골을 위해 전심으로, 온 힘을 다해 섬기시는 분이다. 항상 몽골을 잊지 않고 몽골 사람들을 위해 애쓰시는 것에 감사드린다. 이런 놀라운 분을 선택하고 부르셔서 사랑하는 몽골 사람들을 위해 보내시고 사용하신 하나님께 정말 감사드린다. 하나님께서 선교사님과 그 가족, 그리고 앞으로의 사역을 높이 들어 쓰시길 기도한다.

· 친다요쉬_ 횃불트리니티 신학대학원대학교 재학, 현 온누리교회 서빙고 성전 몽골어 예배 사역자. 친다요쉬는 박관태 선교사가 몽골에서 사역할 당시 고등부 학생이었고, 박 선교사가 귀국할 때 그의 뒤를 이어 예배 인도자가 되었다.

몽골로 보냄 받은
하나님의 사도요 천사 … 바트새흥

내가 박관태 선생님을 처음 만난 것은 2003년 연세친선병원에서다. 그때 나는 박 선생님으로부터 복강경 수술을 배우는 제자였다. 생명을 다루는 일인지라 잘못했을 때는 호되게 혼이 나기도 했지만 그것이 우리를 아끼고 사랑하는 마음에서 비롯된 것임을 알기에 기쁘게 훈련 받을 수 있었다. 또 박 선생님과 많은 수술을 같이하면서, 나는 다른 사람들과 함께 일하는 법도 배울 수 있었다.

사실 박 선생님은 내가 알기 전인 2001년부터 몽골에서 일하기 시작하셨다. 이곳 몽골에서 많은 사람을 치료해 주었을 뿐만 아니라 20여 명의 몽골 의사들에게 복강경 수술을 전수해 주셨다. 몽골의 여러 병원에 복강경 수술 기계를 보급, 설치하고 복강경 수술을 시작할 수 있도록 도와주셨다. 또한 한국에 돌아간 후에도 몽골을 잊지 않고 매년 2-4명의 몽골 의사들을 한국에 불러 연수 받도록 도와 주셨다. 그뿐이 아니다. 몽골에서 치료하기 어려운 중증의 많은 환자들이 한국에서 치료 받도록 길을 열어 주셨다.

나의 스승인 박 선생님을 만나 그분과 함께한 시간들을 돌아보면 참으로 감사하다. 그중에서도 특히 몽골 사람들도 잘 가지 않는 오지인 홉스골 아이막의 산속에 사는 차튼족을 찾아가 의료봉사 활동을 하고, 도르노트 아이막의 넓은 평원에서 환자를 진료한 일이 내 기억에 가장 인상 깊게 남아 있다. 한국에 연수를 가서 최고 수준의 병원에서 스승님이 집도하는 장기이식 수술에 함께 참여해 배울 수 있었던 것 역시 내게는 큰 행운이었다.

우리 제자들은 박 선생님으로부터 당시 몽골에서는 쉽게 배울 수 없었던 복강경 수술뿐 아니라 그분의 열정과 나눔, 근면함, 자비, 지극한 사랑까지도 배웠다. 아울러 선생님의 삶을 지켜보며 하나님의 말씀을 어떻게 듣는지, 믿음 생활은 어떻게 해야 하는지 등을 배웠고, 그분의 본을 따라 살려고 노력했다.

한마디로 박 선교사님은 하나님께서 몽골에 보내신 사도이며, 우리 몽골을 도우러 온 하나님의 천사다.

　존경하는 선생님의 앞길에 하나님이 늘 함께하시고, 하나님의 마음으로 어려운 사람들을 돕는 모든 일이 잘 되고 성공하기를 기도하며 축복한다.

· 바트새흥_ 몽골 연세친선병원 외과 과장